静水深流

——和谐教育的思考与探索

JINGSHUI SHENLIU

HEXIE JIAOYU DE SIKAO YU TANSUO

王安巍◎著

吉林人民出版社

图书在版编目(CIP)数据

静水深流:和谐教育的思考与探索/王安巍著.--
长春:吉林人民出版社,2020.10(2024.1重印)
ISBN 978-7-206-17721-7

Ⅰ.①静… Ⅱ.①王… Ⅲ.①小学教育—教学研究
Ⅳ.① G622.0

中国版本图书馆 CIP 数据核字 (2020) 第 216984 号

出 品 人:常　宏
产品总监:赵　岩
责任编辑:王一莉
装帧设计:昌信图文

静水深流:和谐教育的思考与探索
JINGSHUI SHENLIU:HEXIE JIAOYU DE SIKAO YU TANSUO

著　　者:王安巍
出版发行:吉林人民出版社(长春市人民大街 7548 号　邮政编码:130022)
咨询电话:0431-85378007
印　　刷:北京一鑫印务有限责任公司
开　　本:720mm×1000mm　　1/16
印　　张:14.25　　　　字　　数:230 千字
标准书号:ISBN 978-7-206-17721-7
版　　次:2020 年 10 月第 1 版　印　次:2024 年 1 月第 2 次印刷
定　　价:48.00 元

自 序

　　不管是做教师还是做校长，我一直追求静水深流的状态。水流，一路滋养万物，涤荡尘埃，承载舟筏。生命之水，包容万物，集聚能量，厚积薄发。喜欢水的清澈和静谧、真实和生动、深刻和力量，胸中自有万千丘壑，却能波澜不惊。这种深刻的安静，于我而言，是细微之处的美好，是沉静自足的专注，是内心丰盈的繁盛，是豁达心境的辽阔。以静水深流之心与这个世界相处，与他人相处，与自己相处。

　　从2000年担任长春汽车经济技术开发区实验小学教学校长，2007年来到长春汽车经济开发区第十二小学任校长，转眼已经20年。期间，我积累了对教育和管理的理解，在实践和探索中不断总结、反思，对生命意义有了更深刻的认知。把这段求索的历程和感悟记录下来，当作人生的一种提示、路标，这本身就是一段静水深流、对照自己内心世界的缩影。"静水深流"，实为我个人工作和学习的一点心得，一片视野。

　　做教育也是如此。

　　教育的本质一定是静默的，而不是喧嚣的，因为人的成长，是内在的成长，其过程必然是安静且朴素的，生命之芽的萌生、花朵的绽放和果实的生成，都是静静生长起来的。教育只有遵循人的最真实最自然的生命本意，才能发展和开掘每一个学生生命中最灿烂的也是最初的辉煌。那些时常泛起的喧闹和嘈杂的教育泡沫，往往是"快教育"的产物。

　　卢梭在其名著《爱弥儿》中说道："什么是最好的教育？最好的教育就是无所作为的教育：学生看不到教育的发生，却实实在在地影响着他们的心灵，帮助他们发挥了潜能，这才是天底下最好的教育。"

　　润物细无声的教育，如流动不息的活水，输送着源源不断的营养。只有止息心灵躁动，回归教育原点，静心思考教育，才有心灵的自由、思想的流动、智慧的孕育和主体的回归，这是教育，也是"静水深流"的境界。

"和谐教育"可以理解为认识与自我表现结合起来的教育，帮助学生发现自己的天赋，找到某种表现自己的活动领域，在与集体成员的相互关系中，培养道德纯洁，精神丰富和体魄健全的人。

和谐校园拥有自然的纯净，努力让孩子们与美好相遇。和谐文化是温润的，学生们生命舒展，教师们精神敞亮；和谐课堂是优雅的，生命在课堂焕发出动人光彩；和谐课程是丰富的，富有倾听感，饱含见识感；和谐特色是鲜明的，展现出成长的气息和灵动；和谐德育是丰厚的，立德树人是根本。每一个生命都自然而然地生长，这种和谐的气息在校园里弥漫开来、传播出去，一种向往感、追慕感、浸润感便油然而生。

和谐教育是从内心深处生长出来的，是脚踏实地做出来的，是从指尖流淌出来的，是慢慢地生长、慢慢地实践、慢慢地流淌出来的东西。唯有"慢慢地"才能"深深地"才能"牢牢地"，成为我们生命的构成，成为我们前行的力量。和谐教育也在深行的过程中走向素养关怀，走向未来价值，走向儿童立场，走向融合视界。

做了多年的教育之后，才深刻体会到"教育就是教人求真、求善、求美"的真正含义，而这正是和谐教育的本质追求。和谐不只是一个结果，更重要的是一个过程。和谐教育追求心灵的感动与激荡，充满激情、浪漫、意趣。和谐教育把人引向真善美，引向伟大、深刻与崇高。在寻找、发现、追寻的过程中，不驰于空想，不骛于虚声，惟以求真的态度做踏实的功夫，把和谐的种子播撒，并精心呵护、培育，自己也学习并享受着成长之幸福。

和谐至真、至纯、至简。和谐教育是多年蕴化的教育理想在教育教学层面的付诸行动。也许它们还不够深刻，也许还不完善，也许还缺乏更深入的思考，但在我心里，是真诚之作！书稿中的文字，承载着岁月更迭，感谢时光里所有的经历和铭记！我还需要不断地思考和探索，在理想教育和完善现实中紧贴地面行走！静水深流，行健致远！

是为序！

王安巍

2020年9月

目　录

第一章 和谐教育：萌生与解构

曾经读过李小琳的一本书叫《静水深流》，这本书是中国优秀的传统文化与现代管理思想在深处的交融，追求一种和谐的管理境界。她说，静：生命的和谐。水：生命的源泉。深：生命的内涵。流：生命的体现。融合之道：悟"静"之底蕴，觅"水"之源泉，探"深"之实践，承"流"之信念，达"静水深流"之和谐境界。

读后我非常欣喜，静水深流不正是我们学校和谐教育所追求的状态和境界吗？所以借用此题，进行梳理，希望能使学校的生命之水映照出无边的蔚蓝。我也从静水深流四个方面来阐述和谐教育的缘起与发展，从理论和实践勾画出和谐教育的基本样态。

静心思考——和谐教育的萌生

一、观察与发现——识读学校教育

2007年1月，我由长春汽车经济技术开发区实验小学来到了长春汽车经济技术开发区第十二小学任校长。这所学校始建于1989年，是一所年轻的发展中的学校。

怎样真正认识这所学校？我想还是先从认识它的历史开始。因为我知道过去永远都不会真正过去，它会隐藏在现在的每一个角落里。学校文化是一所学校建校以来所有文化因素积淀而成的，它是在这里成长的人们对学校生活的体验与发现。学校的历史很大程度上决定了学校文化的独特性。我通过各种方式，如师生员工个人访谈、专题会议、问卷调查等形式进行全面调研，通过观察、感觉、倾听、分析来挖掘学校教育的发展因素。

管理叙事：上午咖啡下午茶各种滋味在其中

早上来到学校，一路上"寒江雪柳、玉树琼花"的景色还在眼前伸展，再看到校园内一排排整齐的杨柳凝霜挂雪、晶莹剔透，感叹大自然的妙笔给了我们这样一个平静、明亮的冬日。

没有更多的时间欣赏，我要去参加学校青年教师的座谈会。我在家里精选了海南的炭烧咖啡，满溢着热气的棕色饮品，让略有紧张的教师们放松了下来。谁说青年教师对教育缺少观察，我们的老师从学生在尘土飞扬的操场上玩土到现在多彩斑斓的操场上尽情玩耍；从学生在走廊乱跑到现在在教室安静地读书，在学校细微的变化中体会着，欣喜着。谁说青年教师不懂品味，我们的老师从莫泊桑的《幸福》谈到《2012》的观感，从《国学大讲堂》谈到网络文章，在个人成长中感悟着，收获着。谁说青年教师没有责任，学校优质生源问题他们有好的建议，学校减负增效他们从学生角度去思考。咖啡的香气在蔓延，话题在深化，青年教师有他们的困惑，如家长不配合怎么办？课堂教学与课外活动如何协调？……

每一代人都是所处时代塑造的，如果说上午青年教师的座谈会让我感受到的是青年教师的知识结构的丰富，信息量的强大，个体意识的觉醒，生活质量的追求，那么下午中老年教师的座谈会则让我更多感受到的是她们对学校的责任和人生的厚度，正如那淡淡的茶香，以韵为性，以静为怡，一杯在手，满室清香。学校每年的变化，每天的进步，老教师们看在眼里；青年教师的帮助，困难时的嘘寒问暖，老教师们记在心里；学校的荣誉，和谐的氛围，老教师们自豪在脸上。老教师们也发自肺腑地提出一些建议：如各个学科之间抢时间怎么解决？社区不了解我们学校，怎么宣传？……时间在静静流淌，端起茶杯，水面清波微浮，轻轻咽下，用淡淡的心情细细地品，可以品出一份宁静，一份成熟，一份感动。

上午咖啡，下午茶，不同的是滋味，相同的是情感，是教师们对学校所寄予的厚望，对美好未来的期待和对学校发展的信心！我在其中品出了快乐和幸福！

认识事物的一个基本着眼点是认识它的联系。恩格斯曾深刻指出："当我们深思熟虑地考察自然界和人类历史或我们自己的精神活动的时候，首先呈现在我们眼前的，是一幅由种种联系和相互作用无穷无尽交织起来的画面。"我们直面学校现实，即看到了学校教师间有一种"亲情文化"，现在看来这是和谐教育的前期基础。同时我们也了解到学校的外部关系和内部结构中存在着一些不和谐因素：从教育的外部关系看，学校封闭办学，学校与社会、家庭之间存在着相互脱节的情况，不能协调一致，难以形成教育合力；从教育的内部结构看，教师的团队意识不强，师与生的关系有不和谐的现象，"五育"的关系有不和谐的地方，课堂教学与教育活动之间的关系不和谐；从教育主体自身看，知、情、意、行的不和谐……在教育实践中，不和谐表现为教育内容和教育方法与受教育者的身心特点和精神需求之间存在的差异，也有教育者之间、教育活动之间的不协调。和谐与不和谐所反映的都是事物间相互联系、相互作用的发展状态，这两种状态是辩证的统一，而教学实践中的不和谐成为研究和改进的对象和内容。

二、沉淀与思辨——诊断学校教育

问题在哪里，意义就在哪里。发现真实的问题，是学校教育的基础，也是学校教育的起点。从不和谐的问题中我们梳理出两大主要问题：

其一，学校教育中对人的和谐关注不够。没有了人的关注，教育也就失去了生机。从教师角度观察，教师之间缺少合作，没能形成共同的发展愿景。从学生角度来看，学校教育最终的落脚点应该落实在学生身上，没能更好地促进学生和谐、全面的发展。从家长和社区的角度来看，家长和社区对学校了解不够全面，区域的影响还需要加强。所以，学校教育最主要的问题是人的和谐。

其二，学校教育是散在的、杂糅的教育。无论是积极的表现，还是消极的方面，都是自然沉淀下来的学校教育，一种"碎片"状态的教育，表现为外在形式的分散化。而且是一种杂糅式的教育，先进的和落后的，正式组织的和非正式组织的、固有的和外来的、传统的和现代的等，残杂交融在一起，这是与学校人员的构成和流动相关联的，一所学校需要有核心价值观。

于是在2008年年初我们第一次在学校正式提出和谐教育的理念。在学校愿景中我们提到："要成为汽车区有影响力的优质资源学校，具有和谐理念的特色示范校"。

老师们最初理解的和谐，有的教师说"我们每天共同去采撷那份友情，那丝快乐，那片希望，那缕阳光，每天共同去体验那种幸福的感觉，这就是和谐"；有的教师说"一些平淡的话语，琐碎的小事，在别人眼里微不足道，但在我们心里却升腾起一片温馨，一份纯美的感怀，校园是个让人快乐的地方。这就是和谐"；还有的教师说："和谐需要互相帮助的人气，齐心协力地风气，默默奉献的勇气，更需要有不计小节的大气。"……

在此基础上我们寻求理论支撑，雁行理论对于学校和谐发展有很大的借鉴意义。大雁飞行时呈V字形排列，这么飞有什么好处呢？借着V字队形，整个雁群比每只雁鸟单飞时，至少增加71%的飞行距离。给我们的启示是：与拥有相同目标的人同行，能更快速、更容易地到达目的地，因为彼此之间能互相推动。过去我们的工作方式好比一只只单飞的雁，分工较多而合作较少。我们只要同心协力必定也有提升71%生产力的潜能，以合作取代独立竞争，一起创造整体的工作价值。

三、聚焦与呈现——改进学校教育

学校改进是学校自主地、理性地对已有现状的总结概括、分析反思，在此基础上对已有学校现象进行改造和重组，创建学校新样态的过程。学校教育不能移植、不能引进，必须从自身实际出发，量身打造。学校改进要明确三点：

（一）改造学校必须从改造文化开始

学校发展的根本就是学校文化的改造。因为，在社会转型时期，一所学校师生长期沿袭下来的日常生活方式往往难以自然地与学校发展的新要求相契合，这就需要学校自觉地对学校原有文化进行分析，保留和继承原有文化积极一面的同时，介入新的文化元素，让学校文化为学校发展提供永续的动力。

学校文化是学校的核心竞争力。"是因为学校文化能够整合、积聚、倍增其他物质资源、精神、知识以及人力资源的作用；是因为学校文化作为社会资本具有不可转移性；是因为学校文化具有凝聚力，能够将学校成员凝聚在一起，共同为学校的发展献计献策。"对于学生来说，学校文化以其深厚的文化底蕴促进学生身心的健康发展；对于教师来说，学校文化能够帮助教师在其专业发展的道路上走得更加出色；对于学校领导来说，学校文化更是彰显其领导风格的重要因素；对于整个学校来说，学校文化是学校特色的彰显，是学校各方面综合实力的体现。

（二）和谐教育之主体与主题——人

美国特伦斯·E·迪尔和肯特·D·彼得森指出，改变文化就是人的改造过程，就是化蛹为蝶的过程，"整个转变过程就好像毛虫变成蝴蝶一样。我们把这种变化称为蜕变，即发生焕然一新的变化，从只能爬行的生物变成可以一飞冲天的美丽昆虫。学校的变化有时可能需要借助外界的力量推动一下，但是归根到底起作用的还是和学校利益休戚相关的人们"追求人的发展是学校教育的首要原则。健康的学校教育契合了人的内心自我，能深度调动人的积极性，并通过教育发展和完善自己。通过学校教育，来改善教师与学生的生命状态，重塑学校的形象。用和谐的方法培养人，培养和谐发展的人。在师生其乐融融的氛围下，教育才能充满温馨、充满希望。

（三）和谐教育成为有意识的教育

和谐教育理念的提出，改变以往的自然状态，使之走向明晰，成为一种有意识的教育。从这个意义上说，教育是一种发现，是对沉淀的教育进行挖掘，使之成为一种系统的教育、外显的教育、要义明晰的教育。和谐教育要立足于学校组织的活动事实、对学校诸多教育因素进行梳理和架构，并对学校教育追求进行清晰的概念化表达。学校教育得以清晰的表达，学校形象也具有了自己的面孔，有了身份的识别。这个过程就是学校发展的过程，是学校由自然状态走向有意识状态的过程。

源头活水——和谐教育的解读

和谐教育的提出是基于对当前学校问题的反思，基于素质教育人才培养的需要，也是基于全面贯彻新时代对学校教育的新要求。和谐教育深深根植于中国传统文化之中，我们试图从文字、文化、思想教育四个角度解读"和谐"，并对其进行创造性改造和时代性应用找寻实践的路径。

一、和谐教育的解读

和谐是以事物的矛盾和差异为前提的，和谐是一个相对发展的概念。和谐是运动中的平衡，差异中的协调，纷繁中的有序，多样化中的统一。和谐是事物之间相互联系的机制和状态。

"和谐"的字理本源：我们先来看"和"字，"和"由两部分组成，"禾"和"口"，"禾"古代指粟，即小米。在三千多年前，人的嘴可以吃到小米，就达到了"和"的境界。再看"谐"字，由"言"和"皆"组成。"言"，下面是"舌"字，表示言从舌出，是肺腑之言的意思。"皆"是会意字，"比"，像两人步调一致，比肩而行。"白"，太阳之明为白，就是纯洁、真诚、坦白的意思，人人能不分地位高下、资历深浅、财富多少，平等、真诚、坦荡地发言，这就是"谐"的境界！所以"和谐"的字理本义是人人都能吃到最好的食物，人人都能平等坦率地发表言论表达思想。

"和谐"的传统文化本源：翻开中国传统文化典籍，一部部无不书写着"和谐"两个大字。《论语》的"礼之用，和为贵"，《中庸》的"致中和"，"老庄"的"自然无为"，《周易》的"三易"……都强调人与物之间的融合，人与人之间的"和合"。

"和谐"的理念阐释：西方社会对于和谐的论述比较有代表性的有赫拉克利特，他的观点是和谐产生于对立的东西。把"和谐"作为哲学范畴是从文艺复兴之后，马克思真正把握了"和谐"的内涵，提出社会和谐等观点。中国古代的"和而不同"理念，就是遵循人和自然的和谐，遵循事物发展的客观规律。

和谐发展的教育思想："和谐发展"一词最早出现于希腊语，其义是表示健美体格与高尚道德的结合。古希腊的哲学家亚里士多德最早从理论上论证了和谐教育的可能性和必要性，他主张实施体、德、智、美等多方面的教育，培养身心和谐发展的人。人文主义思想家维多利诺、洛克、卢梭等人均强调培养多方面和谐发展、人格完善的人，对和谐教育思想的承前启后发挥了作用。捷克教育家夸美纽斯强调人的身心和谐发展的必要性。苏联教育家苏霍姆林斯基全面论述了和谐教育的内容和途径，他提出学校教育应把德育、智育、体育、美育以及劳动教育有机地结合在一起，使儿童的个性获得全面和谐的发展。他说，"所谓全面和谐发展的人，是精神生活丰富、道德纯洁和体格健全三者和谐结合在一起的人，是高尚的思想信念和科学文化素养融为一体的人，是把对社会的需求和为社会劳动和谐统一起来的人，是在各方面都很饱满的有教养、有文化、成熟和坚强的人。"

当前和谐发展的教育是在汲取以往教育思想精华的基础上，依据马克思主义关于人的全面发展学说和现代系统科学的基本原理，全面推进素质教育而提出来的和谐教育。和谐教育要形成一个整体优化的育人系统，从教育的系统上寻求教育途径、方法与教育目标的协调一致，促使学生身心素质全面和谐发展，个性爱好得到主动发展，实现社会需要与儿童自身发展需要的和谐统一。

二、和谐教育的学校图景

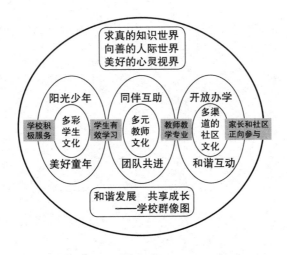

图1-1　和谐教育的学校图景

和谐教育的基本内涵是以适应构建社会主义和谐社会、促进人的全面发展为出发点，从教育要素的整体联系入手，深化多层面教育规律的研究与运用，构建教育过程的和谐关系，增强育人合力，从而促进学生整体素质全面和谐发展。要发挥和谐理念的引领作用，必须将其转化为具体的学校图景，展现和谐教育下的学校样态、教师形象、学生面貌和家长、社区生态。（图1—1）

和谐教育的本质就是求真的知识世界，向善的人际世界和美好的心灵世界。和谐教育可以让学校成员在相互交往以及互动中，调动各种主体的积极性，主动开拓更为广阔的发展空间。我们确立了学校和谐教育的四个群像图："和谐发展，共享成长"的学校群像；"同伴互助，团队共进"的教师群像；"阳光少年，美好童年"学生群像；"开放办学，和谐互动"家长和社区群像。每一个方面提出了相应的执行策略，期望让学校的表面和深层的结构发生变化，达到"学生有效学习"，"教师教学专业"，"家长和社区正向参与"的和谐教育目标。之后我们研究并制定周详的行动方案，系统思考了具体的操作步骤，长春汽车经济技术开发区第十二小学开始了幸福而有意义的和谐教育之旅。

精进深行——和谐教育的构建

让和谐教育扎实落地，落实在培养人的真实行动中，学校确立了和谐教育的行动路径，即基于价值引领的和谐文化，基于润泽生命的和谐德育，基于自主发展的和谐课堂，基于全面发展的和谐特色，基于育人为本的和谐课程。全面开展和谐教育的实践探索，使和谐教育在长春汽车经济技术开发区第十二小学这片沃土上生根发芽。本部分希望通过叙事和案例，呈现出和谐教育探索的真实的样貌，映射教育者对和谐教育的思考。

一、基于价值引领的和谐文化

（一）"求真、思进、向善、达美"的价值选择

石中英在《学校文化建设要有大视野》的文章中指出，从文化哲学的角度来看，尽管文化的表象形形色色，但它们都是围绕着价值观念联系在一起的，价值观才是文化的基础或核心。学校文化也是这样，是围绕着学校价值观建立起来的。在秉承历史和思考未来中我们总结出"求真、思进、向善、达美"的学校核心价值观。

求真：追求真实、真诚，要说真话，求真知，做真人。

思进：积极思索，不断进取，与时俱进，勇于创新。

向善：怀善心，行善事，人格至善。

达美：语言、行为、心灵、环境达到美好境界。

真善美，是人的理想追求。人们追求真善美，就是追求和谐，就是追求快乐的人生。中国近代绘画大师、教育家丰子恺先生曾说过："圆满的人格就像一个鼎，真、善、美好比鼎的三足。缺了一个足，鼎必然立不成。人生在世，当求自身的圆满，即求真、至善、达美。"

管理叙事：彩笔绘出"NBA"的快乐与激情

今天是个平静的日子，但学校的操场上热闹许多，很多孩子聚在篮球场，有的在欣赏，有的在赞叹，有的在议论，还有的顽皮的孩子试探着用脚去感受，他们的目光都落在了场中间那幅精致而细腻，鲜亮而生动的画面

上。这么精美的艺术作品作者是谁呢？我要自豪地告诉大家，那是我们学校可爱的教师们用快乐精心设计并绘制的，也是学校多彩操场中最激情的一笔。

说到这幅作品的主创人员，首先就要提到体育组的几位老师，聪明机灵的小沙＋质朴憨厚的明达＋热情豪放的老曲＋足智多谋的李主席＝主动工作＋快乐工作。有一天，他们找到我，略显激动地描述着他们酝酿的想法，他们说，"NBA"的每个球队，主场场地中间都有自己独特而有内涵的图标，这样能激励队伍创造最佳成绩。我们的学校篮球场也要有自己的标志图案，让我们的校园更有生机和活力！就这样，一个好的创意新鲜出炉了！才华横溢的美术教师小利加盟，使这个团队更具专业性。接下来就是行动！我们的很多老师都友情赞助，无论是会跳舞的王育蓉，还是说着流利外语的张旭松，都拿着油桶、板刷、毛笔，用心去描绘，一笔一画饱蘸对学校浓浓的爱，一色一涂勾勒对学生殷殷的情，绘出自己的好心情，绘出学生的童年记忆，绘出学校的精彩无限！

现在我明白了，为什么"NBA"的赛场那样的忘我，那样的火爆，那样的沸腾？我想，是因为每个热爱篮球的人都在享受运动的快乐，都在释放生命的激情。而且这种快乐和激情在相互的碰撞中得以升华，在相互的激励下不断传递。我们的老师不也正是这样吗？感谢我的老师们，不仅是完美的作品，还有完美的团队！有一句广告语说："完美有多美——喜欢的就是最美的！"站在窗前，欣赏着那幅作品，你看，澄明的黄色背景下，似雄鹰展翅翱翔，似晨风翻卷书页，似幼芽吐露新绿，都演绎着"十二"校动人的篇章。它也将时刻提醒我，校长的作用在于激发和召唤，去唤醒教师的工作意义，去点燃教师的工作热情，去成就教师的工作优势，让我们的校园也拥有"NBA"的快乐与激情，让我们的教师幸福的工作，优雅的生活！

（二）"同伴互助，团队共进"的和谐团队

拥有强大专业学习共同体的学校是学生希望和成就的发动机。在和谐教育中，教师承担着及其重要的角色，没有教师的参与，学校教育就没有了发展的土壤。"同伴互助，团队共进"是我校和谐的教师文化的主题。归属感、被尊重的价值环境、对话的精神平台、融洽友爱的心灵空间，由此形成的教师整体文化则是教师文化的主流。有研究发现，学校文化高低与六项元素高低有关，教师并非离群独立工作便可完成教育下一代的工作，形成了学校文化的改善模型（图1-2）。我们受此启发，确立了和谐教师的目标：打造精神文化，让教师幸福地工作着；打造学习文化，让教师有效地工作着；打造合作文化，让教师快乐地工作着。我们以五个团队建设为行动突破口，搭建了一个教师可持续发展的绿色平台。五大团队为："基层推动自我管理"的学年团队，"骨干引领问题解决"的学科团队，"立德树人学生为本"的班主任团队，"凝思静品提升素质"的读书团队和"聚焦三课共享成长"的研究团队。

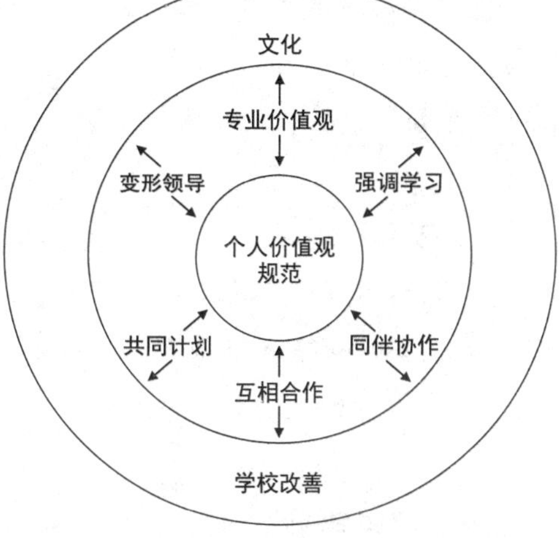

图1-2　学校文化之改善模式

管理叙事：和谐花开在眼前

虽然距离教师节还有一周，但今天我们全体长春汽车经济技术开发区第十二小学人隆重集会，和着如潮的笑声、如花的笑脸再次奏响和谐的乐章，是那样的美妙和动听。

伴随着《花开在眼前》感人的旋律，重温那些美好的画面，我们既感叹时间在流逝，岁月的容颜在改变，同时任思绪静静流淌，心中热流慢慢涌动，感慨、欣慰、激动，然后心旌荡漾……过去的一年我们有着花样的心情，四季更迭更留下美好的回味：春天，第一场春雨贵如油，全校师生雨中站，广播操中拔头筹，有滋有味花怒放；夏天，雨后阳光满校园，文化节上群芳亮，操场作画印记忆，浓艳花盘散香气；秋天，窗前燕子喋喋语，教学质量捷报传，同心协力创佳绩，花之硕果满枝头；冬天，纯净雪花纷飞舞，昂首进入AAA校，实现历史新突破，傲然梅花心高洁！四季花开，明艳动人，振奋人心，那是我们全体十二校人的骄傲和自豪。

花开在眼前，幸福就在眼前。今天我们的庆祝活动和表彰会就是对和谐最美好的诠释。相亲相爱、琴瑟和谐的教师们是幸福的，看着那些温馨照片在灿烂的花中开放，怎能不让我们感动；爱校如家、不计得失的义工们是幸福的，他们在奉献中的笑容，怎能不赢得我们的尊重；勤于思考，勇于创新的创新团队是幸福的，他们别具一格，十全十美的演出，怎能不唤起我们对生活色彩的渴望；追求卓越，荣誉至上的和谐团队是幸福的，他们心手相连，阳光总在风雨后，他们拥有自信，拥有希望，拥有勇气，怎能不赢得我们的掌声；与人为善，坚持梦想的我们是幸福的，能拥有这么和谐的团队，能拥有这么美好的时刻，我之何求？

最后我想用《花开在眼前》这首歌的歌词作为结束：

> 花开在眼前
> 已经等了很多很多年
> 生命中如果还有永远
> 就是你绽放的那一瞬间

> 花开在眼前
> 我们一起牵手向明天
> 每次我总是临风轻和
> 更好的季节在下一个春天

一个学校拥有什么样的团队，就拥有什么样的厚度和深度。我们倡导团队建设，没有完美的个人，但可以有完美的团队。一个团队要具有战斗力，就必须依靠某种因素凝聚自身，形成强大的整合力，激发师生的群体意识和集体精神，进而产生的是集体荣誉感和不断创新的冲击力。在团队成长的过程中，每个人才有可能绽放出属于自己的美丽，那就是朝着和谐的方向，做最好的自己。

（三）"制度重构，环境物化"的支撑保障

和谐文化扎根于学校传统与现实的文化土壤中，从学校各种各样的文化现象中挖掘，也是一个内化的过程，需要制度的支撑和环境的保障。

管理制度的重构是教育治理现代化的新要求，也是学校和谐文化建设的重要内容，是将和谐文化的理念形态转化为具体的实践形态，并使二者相融共生的具体途径。一方面，是对原有管理制度的修订和完善，既向制度的纵向深入，又向制度的横向拓展。另一方面，我们对以往没有而和谐文化倡导的制度进行了重建，以开放与创新为主导结合学校自身的实际情况，进行全新构造。管理制度重建的目的，就在于使制度本身发挥"和谐效应"，就在于挖掘、提升和展现教师在教育实践与思考中的生命价值，从以制度来限制人变为以制度来改变人、培育人和发展人。

和谐教育对空间环境的要求就是和谐。美丽校园工程，让爱变得看得见；和谐班级文化，让每一面墙壁都说话；魅力操场建设，让梦想从这里起航。在和谐校园建设的过程中，我们始终心怀美好，充满情感，和谐于心，美丽于行，和谐校园犹如一幅美丽的画卷，在我们面前缓缓铺展，有温度、有色彩、有情感、有特色，更有充满生命的活力！这些带给孩子们美好的体验和美丽的童年记忆，为和谐教育实施提供了保障。

二、基于润泽生命的和谐德育

朱永新说："在整个教育体系中，学生是主体，所有的教育都是围绕学生展开的。没有了学生，教育也就不存在了。"学校和谐教育的建设从根本上讲是一种以提高学生的素质，实现学生的全面发展为目标的教育。学校教育要融入学生真实有效的成长过程中，以某种载体传递给学生，让和谐教育慢慢在学生的心里消融。

（一）"和谐育人 全面发展"的培养目标

教育部颁布的《中小学德育工作指南》指出："深入贯彻习近平总书记系列重要讲话精神和治国理政新理念新思想新战略，始终坚持育人为本、德育为先，大力培育和践行社会主义核心价值观，以培养学生良好思想品德和健全人格为根本，以促进学生形成良好行为习惯为重点，以落实《中小学生守则（2015年修订）》为抓手，坚持教育与生产劳动、社会实践相结合，坚持学校教育与家庭教育、社会教育相结合，不断完善中小学德育工作长效机制，全面提高中小学德育工作水平，为中国特色社会主义事业培养合格建设者和可靠接班人"。

新时代对学校德育提出新要求，我校坚持以爱国主义为核心的民族精神和以改革创新为核心的时代精神教育，努力实现"让每个孩子都能健康奔跑，让每个孩子都能放声歌唱，让每个孩子都能放飞梦想。"学校全面发展人的图谱，具体描述为：

健康体魄：良好的锻炼习惯，基本的体育技能，充满活力与朝气，具有坚定的意志和团队精神。

充实心灵：良好的品德和人格，提高学生艺术素养，悦纳自己，关爱他人，具有爱国之心、感恩之心、同情之心、责任之心。

学习能力：具有基本的学习能力，学会学习，培养学生终身学习的能力、探究能力、合作能力。

良好习惯：养成良好的生活习惯，掌握生存技能，培养学生热爱生活，珍爱生命，具有广泛的兴趣爱好。

（二）"尊重学生　和谐发展"的儿童意蕴

和谐德育，是德育以满足社会发展需要和受教育者个体发展需要的统一为出发点，在遵循受教育者身心发展规律的基础上，调控构成德育体系诸要素之间的关系，使之发生和谐共振效应，从而促进学生思想品德和谐发展的一种德育模式。它的内涵是学生德、智、体、美、劳"五育"和谐发展，师生关系和谐融洽，德育过程和谐有序，各学段德育和谐衔接，学校、家庭、社区和谐育人，综合运用多种形态和载体，达到和谐育人的目标。

管理叙事：谁持彩练当空舞——多彩的学校英语节

"赤橙黄绿青蓝紫，谁持彩练当空舞"是我很喜欢的毛主席诗词，学校首届英语节就如词中所写的斑斓的彩虹，色彩明丽夺目。

如火的红色——火红的节日。学校的英语节为期一周，学生们像过节一样，兴高采烈。每天早晨的英语文化介绍，丰富了学生的知识，打开了学生全新的视野。下午的英语活动生动活泼，全体学生热情参与。活动在周五达到了高潮，每个学生都是主人，在英语的世界中尽情展示。四年级一班的一曲爵士曲风的劲歌热舞，外教和学生互动，让我都有舞动的冲动。

暖暖的橙色——成熟的学生。六年级一班和六年级二班是我校最为自豪的两个班，学生英语综合素质高，在各项竞赛中成绩优异。他们的英语山寨版话剧"荆轲刺秦王"的表演，幽默的台词，搞笑的动作，让我们捧腹大笑。更让我们惊叹的是他们良好的英语面貌，流利的表述，准确的语音，是那么的洒脱和自然。与其说这是一次表演，不如说这是他们六年成果的展示。想到他们就要离开母校，还真的有些不舍！

高贵的紫色——超凡的表演。随着轻柔的乐曲，一个女孩静静地站在那

里，轻轻地用英语朗诵起徐志摩的《再别康桥》，她用超群的语感为我们营造了一种怀旧的情绪和宁静的氛围，动情之处，她闭起眼睛，整个会场陶醉了。尽管是英语朗诵，我也能在她的语调中感受到新月派诗歌强烈的音乐波动和韵律感。

我们的英语节还有很多的色彩：一年级一班学生头戴小星星的头饰演唱"Twinkle Twinkle little star"，那闪烁的小星不是澄明的黄吗？学校英语故事大王胡译文声情并茂的给我们讲《龟兔赛跑》的故事，那才露尖尖角的他不是希望的绿吗？二年级一班的英语课本剧表演，完整和谐，那清新的风格不是夏天的青吗？五年级三班作为学校英语歌曲歌谣大赛的冠军得主，"Proud of you"，那美妙的声音，帅气的装束不是碧空的蓝吗？……

多彩的校园，多彩的节日，培养学生多彩的个性，多彩的童年。期待着下一次的精彩！

（三）"学校、家庭、社区三位一体"的育人模式

在传统教育中，学校很容易独立于社区之外，好像有一面无形的围墙将它与外部世界隔绝起来。而当今的教育是一个开放式的社会大系统，学校教育、家庭教育、社区教育形成了现代教育的三大支柱。学校地处长春一汽锦城社区的中心地带，有着丰富的教育资源。这些得天独厚的资源为培育和践行社会主义核心价值观提供了广阔的舞台，为密切学生与自然、与社会、与生活的联系提供了有效保证。

"一体化德育""一致性培育"是有利学生健康持续发展之路，学校视家庭、社区为重要的依靠力量和不可或缺的合作伙伴，以立德树人为核心，以价值实践活动为主体，充分满足学生社会生活实践和体验的需要，构建有利于学校教育、有利学生发展的社区教育环境。充分发挥学校、家庭、社会教育力量各自的优势，相互协调、相互配合、相互补充，形成合力，推动学校、家庭、社区德育目标一致、德育理念趋同、德育过程同步、德育方法互补，德育资源共享。用专业品质寻求适合的活动方式，使各种力量形成时空交叉影响的德育优势力量，促进学生的全面发展。

学校重视在丰富多彩的互动活动中体验和感悟教育的力量，培育和践行社会主义核心价值观。学校定期带领孩子走进社区，为学生寻找生活的榜样，用真实、感人的道德形象激励学生。参与环境美化和绿色环保等文明社区服务活动，让学生增强责任意识。创建德育基地和劳动实践基地，拓宽德

育领域，营造了"大手小手，融入社区共创美好成长环境"，"师生家长，放飞童心营造快乐和谐空间"的良好氛围，形成了学校与家长、社区相互依存、互相推动的关系，真正实现着和谐发展。

案例：学校的《校社联动，构建没有围墙的学校》案例收录于《中小学培育和践行社会主义核心价值观行有示范——案例篇》一书中，附案例点评：

日本教育学者佐藤学在审视学校与学习本真的基础上寻找到了学校改革之路，即构建学习共同体。在学习共同体的构建中，学校要面向社区，成为教育的公共空间，既要有在社区中的学习，也需要有社区居民走向学校的学习。校社联动是学校改革的必然要求。长春汽车经济技术开发区第十二小学顺应这一要求，与社区联动，既"走出去"，又"引进来"，对学生进行爱国、敬业、诚信、友善层面的价值引领。一方面，学校让学生有机会走出校门、融入社区，经过亲身体验，包括调研、志愿服务等，使抽象的价值观念变得生动具体，促进学生知行合一。另一方面，学校将社区人力资源引入校内，如请非遗项目传承人给学生上课，弥补学校教育力量的不足。

深入开展校社联动，第一，要坚持学校主导。学校根据本校教育教学的需要，携手社区，将社区资源为校所用。第二，要行有规划。校社联动的内容，需要有清晰的、系统的规划，而不是"应景""一阵风"。

三、基于自主发展的和谐课堂

（一）从"教堂"转向"学堂"的课堂转型

钟启泉在《课堂研究》一书中指出："倡导基于'核心素养'的课程与教学是新时代教育的诉求，这种诉求说到底就在于实现课堂教学的转型——从'知识传递'的教学转向'知识建构'的教学。"立足于课堂教学的本质、儿童发展的需要，立足于学校已有的实践成果、改革创新的生长点，明晰和谐课堂的关键词：三学四生。

三学：学生的课堂、学习的课堂、学科的课堂。

发挥主体地位，学生自主发展。

建构知识经验，学习真正发生。

呈现学科特点，体现学科本色。

四生：关爱学生身心，关注生命发展，构建生命的课堂。

面向全体学生，创设和谐环境，构建生态的课堂。

依托课堂情景，联系实际生活，构建生活的课堂。

注重体验参与，引导探究学习，构建生本的课堂。

和谐教育应该是"栽培生命"的过程，而课堂是主阵地。我们坚信生命是一颗种子，是富有气息和活力的种子，需要教育者用心去激活，我们为师者是土壤，是阳光，在课堂与生命发生律动。和谐教育要扎根课堂，无论是班子诊课、课堂教学展示活动，还是骨干教师的汇报课、青年教师的基本功大赛，我们都在研究课堂，研究学生。我们陪伴全校每个班级的学生共同学习，站在学生的角度来感受课堂，寻找有效教学的办法。我们在课堂力求体现三点：那就是一定是人性的，正视差异，关注差异；一定是有温度的，充满善意的、包容的；一定是倾听和尊重的！和谐课堂，我们就是把自己所信、所想、所为身体力行通过课堂不断传递给学生。

管理叙事：心灵的感动

学校组织的青年教师课堂教学大赛刚刚结束，在欣喜地看到他们的努力和成长后，我被他们讲述的一个个课堂小故事所感动，这是一种久违的感动。

也许从教多年，我们对很多教育现象司空见惯，对很多教育情感冷漠甚至些许麻木，但我们的青年教师，用他们初为人师的热情和执着，用他们的稚嫩和纯朴，更重要的是用他们对教育的真情和对学生的爱给我们上了一课，深深地触动了我们心灵深处脆弱的情感，也唤醒了我们作为教师的自豪感和责任感。教育的真谛是什么？高深的理论他们说不清，但他们用自己的行动浓缩了一个字，那就是"爱"——对学生深沉的爱。从他们讲述的故事题目中，我们就能感受得到，《别让偏见毁了孩子的心灵》《理解学生，播撒快乐的种子》《把课堂还给学生》《和学生成为朋友》《宽容孩子，你将收获快乐》《听他唱，还是听我唱》……在班得瑞音乐渲染下，青年教师开始动情的讲述，和全校教师分享他们课堂的喜悦、困惑，成功、挫折……他们无限感叹"从没想到老师随手打的一个分数，竟能引起学生内心很大的波澜。老师呀，你的一个举动、你的一句话给孩子带来了什么？"；他们抒发情感"土地宽容了种子，拥有了收获，大海宽容了江河，拥有了浩瀚，教师宽容了学生，拥有了快乐"；他们下定决心"要把那一双双天真无邪的眼睛——天底下最美丽的星星，尽自己的全力把他们雕琢成世界上最美丽的钻石"；他们立下志向"努力成为一个具有独特人格魅力的教师"……他们的讲述那么平实，但都来自心灵，在他们的世界中，学生是最动听的音乐，是最漂亮的花朵，是最美丽的诗篇。在我的心中，他们是最可爱的孩子，最有理想的青年，最光荣的教师。

（二）"自主、合作、探究"的课堂范式

课堂是儿童成长的场域。和谐课堂在继承和发扬传统课堂教学的精髓和优势的基础上，更新教学观念、树立科学的质量观，改善课堂结构，改进教学行为，丰富教学手段，注重学法指导，加强思维培养，提高学生的学习能力。课堂的转型是自主学习，由事实的记忆到相关性理解、拓展性理解，由量的学习到质的学习，让知识学习过程成为学生必备能力和素养习得的过程。倡导小组合作学习，让知识学习和建构的过程成为学生集体交流和相互影响的过程，甚至是创造的过程。鼓励学生在课堂探究与实践，学习过程才有可能成为素养的发展过程。

皮亚杰曾经强调，人的行为包括能量的方面和构造的方面，前者是情感，后者是认识。实际上，兴趣、需要等作为一种能量，具有促进知识和技能发展的动力作用。因此，基于学生学趣、学识、学力的养成，为学生构筑有真情实感的课堂，是促进学生和谐发展的基本途径。

和谐课堂还应该面向内心，提升精神品质。和谐教育的本质就是对生命和精神的开发，和谐课堂应该进入发展主体内心的精神生命世界中，深入到发展主体在校生活的心路历程之中。有生命活力、回归学校主体精神世界的课堂必定为学校注入新的活力，和谐教育也就在当下的创造与生成中不断向前出发。

（三）"走向专业听评课"的课堂观察

我们以课堂观察为切入点，寻求"研究—实践"的新型关系。我们脚踏实地地将和谐课堂理念浸入日常教育教学工作之中，这需要有战略性的专业眼光和更具可操作性的改革举措。学校组建课堂观察团队，把课例作为行动研究的载体，不断构建群体合作的学习共同体。我们以课堂观察为研究手段促进教师教学行为的转变，从"教学有效"到"专业成长"，以学生的"学"来评价教师的"教"，以学生在课堂中呈现的状态为参照，突出学科特点，探寻和谐课堂的内在规律，进一步引导教师转变观念，进一步强化学生的学习地位，发挥评价促进学生发展、教师提高和改进教学实践的功能，创造充盈生命张力的课堂文化。

案例：以小学数学二年级《混合运算》的课堂观察为例展现行动研究的过程：

观察背景	活动时间：2013年3月29日 任课教师：韩丽梅 教学主题：北师版小学数学二年级《混合运算》 课堂类型：新授课 观察类型：主题式观察（教学目标达成度） 观察教师：数学团队教师
课前会议 3月28日 会议室	（1）授课教师说课。 　　说课内容《混合运算——去括号》。 （2）交流：组织观察者和被观察者进行有效商讨， 　　了解授课教师教学设想。 （3）确定观察点，依据观察点改进观察量表。

观察点	量表使用	观察者
课堂教学中主要环节有哪些，效果如何	教学环节有效性观察表	陈　玲 陈宣玲
教师提问是否有助于完成教学目标	课堂提问有效性观察表（之一教师提问）	张贺年
教师理答是否有助于完成教学目标	课堂提问有效性观察表（之二教师理答）	李　鑫
从学生的应答行为看本节课的教学目标是否达成	课堂提问有效性观察表（之三学生应答）	毛鸿娟
课堂情境创设合理性和有效性	课堂情境创设与利用情况观察表	谢　勇
学生学习行为和方式能否有效完成教学目标	学生学习行为和方式观察表	曹　婷 王冬梅 董　旭

课中观察 3月29日 电教室	课堂教学+后测　　　40分钟+5分钟　　电教室 数据统计整理　　　40分钟
课后会议 3月29日 会议室	课后反思：授课教师 交流沟通：观察者简要报告观察结果进行现象分析。 形成结论：（现场） 专家评议：（现场）
总　　结 3月30日 会议室	（1）课后分析报告 （2）原始材料归档 （3）活动总结反思

四、基于全面发展的和谐特色

基础教育阶段的学校，其教育的核心价值并没有什么不同，都要符合国家教育的共同目标和共同规律。但是每个学校的教育附加价值有所不同，而教育的附加价值正是学校的特色所在，也是学校品牌的体现。多年的传承与发展，坚守与创新，学校形成了"快乐足球，全面发展"的学校特色。我们经历了"特质"的孕育阶段，到"特点"的过渡阶段，再到"特色"成熟阶段。可以说，足球特色表现的是学校的整体风貌，是学校显现的一种办学优势。这种办学优势需要经过长期的打造，形成一定的文化风格，深刻地影响每一个师生的发展。

（一）"提升品质，根在育人"的足球文化

品质是质量、信誉、文化的综合体，外在是品牌，内在是内涵。学校足球特色创建是提升学校品质的重要基础，而足球文化的塑造是重要途径。

足球文化的形成是一个长期过程，是教育教学改革不断向纵深发展的过程，是对文化构成的要素进行整合，不断加以总结、提炼、概括的过程。学校要创造丰富、高质量、高品位的足球文化，将学校的各个系统、各种关系和资源置于一种符合规律、和谐共生的平衡状态，为广大师生提供一个基于可持续发展生态意义的校园生活背景。（图1-3）

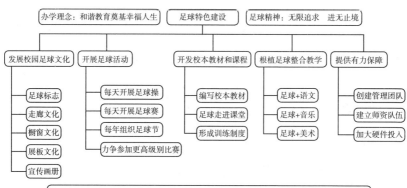

图1-3　学校足球文化体系图

学校特色一旦形成，学校的办学理念、办学策略、办学行为、办学风格、办学成果就自然化作一种校园文化传统。足球特色具有个性化的文化环境，特色的"色"就具有了情境、景象的意义。我校浓郁的足球文化和无处不在的足球元素，营造了良好的足球氛围。学校足球文化节异彩纷呈，突出足球，渗透"五育"融合，促进全面发展。

（二）"全学科渗透，全学段融合"的足球课程

学校特色的发展是为学生的发展服务的。教育的目标是育人，离开了学生的素质发展而谈特色发展不是教育的真正追求。学校特色发展的过程，也应是全体学生素质发展的过程。

特色学校创建的核心内容——课程。脱离课程的特色是空中楼阁、雾中之花。通过课程建设实现学校特色发展需要遵循一定的科学程序，建设多样化的校本课程体系，从而不断满足学校争创特色需要，不断满足学生个性特长发展需要。学校特色必须依托学生每天都要接触的课程才能有效推进。

学校全学段、全学科融合，开发了17门"足球+"校本课程，这是学校课程与学校特色结伴而生，是在特定背景中创生新的教育经验，是全体师生在共同建设中不断丰富、不断积累、不断生成的教育智慧。"快乐足球，全面发展"的校本课程以点带面，实行整体优化，不断地向深度和广度发展，并根据新时代的要求，努力注入新的内容，赋予新的内涵，让特色更鲜明，更优质。

案例1："足球+"数学校本课程——数字足球

《数字足球》通过调研、搜集等活动整理出数学学科知识内容与足球文化的整合点，引导学生用数学的眼光发现和解决足球运动中的问题，其中涉及数的认识与运算、图形周长与面积、正反比例、统计与概率等数学问题。老师和孩子一起进行足球中的数据整理；一起探究足球图案的密铺；一起研究足球中黑白块的数量关系；一起测量球场的周长和面积……筛选出适合与足球元素融合的内容，确立了"足球与统计"主题，选取"足球场上的统计"作为引路课进行研究。如观察、操作、合作、实践，孩子们不仅感悟了数学思想，还积累了大量数学活动经验。

案例2："足球+"心理校本课程——心动足球

《心动足球》是一门以足球为载体，培养孩子积极乐观的健康心理的课程。而沙盘游戏是心理课堂中很受孩子们欢迎的一种方式。这门校本教材实施以来，老师尝试着把足球元素融入沙盘，让孩子把足球场中的豪迈激昂和沙盘中的安静沉着有效的结合，孩子们在制作沙盘的过程中回顾赛事，体会心情、感悟心境，从而得到启迪。一、二年级的孩子们在沙盘中搭建"足

球乐园"，在玩中学会了团结合作。三、四年级的孩子们模拟一场"足球赛事"，学会了宽容忍让。五、六年级的孩子们玩一场无限想象的"欢乐足球梦"，在游戏中懂得调节情绪、认清自我。"足球沙盘"让更多的人知道，原来"足球"不单单属于激烈的绿茵场，它还可以在心理沙盘室里展示出一种优雅的美！

学校特色课程创建的价值取向不是看开发了多少门课程，而是要看有多少已切实转化为促进学校发展的具体行动，落实到教师的教、学生的学上，落实到教师的工作、学习、生活方式上，落实到学校的发展模式上，努力把足球课程变成十二校人的全员行为，不断提高整体的教育效果，如此，方能真正推动学校特色品质的提升。

（三）"无限追求，进无止境"的足球精神

用特色提升学校品质，打造学校品牌，凝聚学校精神。学校精神的形成，是一个从量变到质变的无止境的渐进过程，是一个通过自身循环不断发展、前进的过程。"无限追求，进无止境的"的学校精神弥漫和渗透到学校各项工作中，使学校彰显出强大的进取精神和自信品性。

"阳光伙伴"团队，吉林冠军，全国十强，它所体现的团队力量和拼搏精神正是十二校师生的精神象征。学校足球队在全国、省、市比赛中摘金夺银，坚韧的品格，顽强的毅力，正是学校"无限追求，进无止境"学校精神的诠释。

"无限追求，进无止境"是一种力量，是基于学校历史、现实和未来的积淀，蓬勃而有生命力！"无限追求，教无止境"，教师们实现着自身基础上的专业成长。"无限追求，学无止境"，学生实现健康成长和完整的生命体验。"无限追求，发展无止境"，学校科学发展、创新发展和可持续发展，成为长春市新优质学校。

五、基于育人为本的和谐课程

和谐教育引领了包括课程与教育改革在内的学校系统变革。和谐课程是具有活力的、能产生整体效应的联系，是人的一种成长需求。和谐课程的目的在于促进个体身心的和谐发展，追求真善美和谐统一的发展。先进、清晰的课程愿景，具体可行的课程路径，以及强有力的保障措施将共同促成和谐课程的学校变革。

（一）"注重人的全面和谐发展"的课程愿景

现代教育主张多元，为学生创造多元选择的空间，给学生以个性发展的空间，搭建一个走向目标的四通八达的途径，一个适合每一个学生不同速度、不同爱好、不同质量发展的进步阶梯。

什么样的知识最具有价值，历来是课程论学者们探讨的焦点问题。我认为，不同的知识对人的发展具有不同的价值功能。学校致力于课程全要素的构建与创造，以"课程建设中的教育成长"为发展主线，挖掘内涵，建构体系，寻找载体，努力寻求一条遵循教育发展规律，符合学校发展逻辑的现实路径，在更高的平台上促进学生全面和谐发展。

和谐课程要面向未来。未来的教育是更加开放的教育，全球化、信息化、人人、时时、处处的教育；是更加适合的教育，适合学生的个性化与多样性的选择；是更加人本的教育，关注学生心灵与幸福，尊重学生、关爱学生；是更加平等的教育，更多的优质资源，公平而有质量的教育；是更加可持续的教育，注重学习能力养成与终身教育。

和谐课程强调"课程是学习的履历"，凸显课程实施的动态性和发展性特征。和谐课程要逐步实现三个转变：由从学问性知识向体验性知识转换，强调身体性活动和直接体验；由单一学科知识向跨学科性知识转换，以"问题解决"为中心的研究模式；由内容性知识向方法性知识转换，教会学生学习、使学生掌握方法性知识成为学校课程改革面临的一个重要课题。

和谐课程还要体现四个进一步：进一步体现国家意志和培养目标要求；进一步体现核心素养和学科核心素养培育要求；进一步体现优化课程结构要求；进一步体现遵循教育规律要求。

（二）"三种课程形态四项重点任务"的课程路径

我国目前实行的是国家、地方和校本三级课程管理制度，为课程适应地方经济、文化发展的特殊性，满足学生个性发展的需要，以及体现学校办学的独特性，都创造了良好的条件。我校的三种课程形态的侧重点各有不同：国家课程校本化，面向全体，夯实基础，采用目标主导模式开发；地方课程主体化，面向分层，学会生活，采用条件主导模式开发；校本课程特色化，面向个体，彰显个性，采用需求主导模式开发。展开来看，我们从基础性课程、拓展性课程、综合性课程三个维度进行整体规划，更能保证课程结构的均衡性、多样性和选择性。四大重点项目是：立德树人，扣好人生的第一粒

扣子；立足特色，培植足球精品课程；立足学生，创建十二烙印课程；立足学科，拓展课程开发之路。（表1-1）

	课程模块		修习方式	周课时	备注
基础课程	国家规定课程部分地方课程		按照国家课程标准和省区学馆课程安排执行 必修一二年级26课时、三四五六年级30课时		
拓展课程	蓓蕾"社"彩缤纷课程	琴棋与书画课程群	非洲鼓　尤克里里　围棋　硬笔书法　软笔书法　国画　水彩画　儿童画　创意美术剪纸　草编泥人　张陶艺	2	走班选修
			彩泥创作　跳棋　五子　三角插　手工折纸　衍纸艺	1	班级兴趣
		运动与表演课程群	快乐足球　快乐篮球　足球游戏　跆拳道　软式射箭　体能训练　拉丁舞蹈　民族舞蹈　合　唱　话　剧　京　剧　鼓　号　指尖运动	2	走班选修
			跳绳与键子　玩转呼啦圈　啦啦操　速叠杯	1	班级兴趣
		科技与制作课程群	3D足球编码　智能无人车　科技风火轮　科技纸飞机	2	走班选修
			科技小制作　科学小实验	1	班级兴趣
	课程模块		修习方式	周课时	备注
基础课程	国家规定课程部分地方课程		按照国家课程标准和省区学馆课程安排执行 必修一二年级26课时、三四五六年级30课时		
	烙印"深"临其境课程	学科与探究课程群	英语口语自然拼	2	走班选修
			英语小游戏　英语影视欣赏　英语小小配音师　语文经典诵读　语文名著导读　语文小主持人　数学脑开发	1	班级兴趣
		德育活动	梦想舞台　开学课程　毕业课程　师生宣言　旅达天下　六年六节　开学课程　晒我生活　十二之歌　汽车之子　晨读之约　阳光课间	统一安排	全员参与
特色课程	"足球+"快乐追"球"校本课程群		《足球课堂》《足球踢吧》《球衣炫彩》《多彩足球》《唱响足球》《足球偶像》《足球精神》《心动足球》《足球科技》《指尖足球》《足球视野》《足风语韵》《足球神话》《足球史话》《数字足球》《足球建筑》《足球健康》	根据内容与活动安排	必修选修

表1-1　学校课程设置表

（三）"全科育人 全程育人 全员育人"的课程保障

迈克尔·富兰在《变革的挑战——学校改进的路径与策略》一书中谈道："学校系统一旦建立了学习型文化，就会不断寻求和发展教师的知识和技能，这些知识和技能是为学生创造有效的新学习经验所必需的。"每一个人，尤其是每一个教师，都是课程变革的主体，课程变革应该是一个广泛参与的活动，也是一个与学校日常的教育活动或者教师的日常专业活动发生密切联系的过程。

案例：《落实立德树人 铺就成长底色》课程研修前置性学习任务单（表1-2）

课程研修目标：

1.明晰立德树人学科根本任务。

2.探索道德与法治学科落实立德树人策略。

3.探索多学科落实立德树人策略。

版 块	素材提供	作业任务
（一）理解——"立德树人"根本任务	 1.1 1.2 1.3 1.1立德树人 习近平总书记这样阐述教育的根本任务——文本链接 1.2习近平总书记谈立德树人：扣好人生的第一粒扣子——文本链接 1.3《教育部关于全面深化课程改革落实立德树人根本任务的意见》——文本链接	1.4通过文本链接学习，谈谈你对"立德树人"的理解
（二）内化——道德与法治学科课堂落实"立德树人"策略	 2.1 2.2 2.1理直气壮开好思政课，习近平总书记提出这些新要求——新闻视频 2.2道德与法治学科课程标准	2.3图文作业：结合小学生特点，思政课——道德与法治学科如何落实立德树人的根本任务？谈谈你的理解和策略

续表

版 块	素材提供	作业任务
（三）融合——多学科课堂落实"立德树人"策略	3.1 指南　3.2 音乐　3.2 英语　3.2 体育 3.2 语文　3.2 美术　3.2 数学　3.2 综合 3.2 信息　3.2 科学　3.2 心理 3.1中小学德育工作指南 3.2各学科课程标准或学科建议链接	3.3你任教哪个学科？请收看视频资源 3.4请列举一则你在课堂中德育渗透的叙事案例 3.5图文作业：绘制思维导图，拍照上传：如何在课堂教学中落实"立德树人"策略

表1-2　任务单

　　除了人才保障，以教师发展支撑课程发展之外，还有组织保障，落实责任分工，明晰权责；制度保障，教育治理背景下现代学校制度建设；资源保障，密切整合校内外资源，协同实施规划；评估保障，全面总结，整体评价，多元视角；信息化保障加快信息化进程，实现教育现代化。

万涓成流——和谐教育的成效

和谐教育，实质上是一个积聚、激发、变化，产生新的强大能量，源源不断"流"的过程。尽管目前我们只是小溪，但不积小溪，无以成江河，在这个汇集成流的过程中，我们也看到了初步的成效。

和谐的人文环境充满生机与活力。走进校门，学校的培养目标赫然入目："让每个孩子都能健康奔跑，让每个孩子都能放声歌唱，让每个孩子都能放飞梦想"，"求真，思进，向善，达美"学校核心价值观熠熠生辉。信步校园，你会不自觉地被这里葱郁的一草一木、雅趣的一景一物所吸引，你会不自觉地被这里的和谐进取、阳光快乐所感染。走廊内丰富多彩的文化长廊给学生以高雅的文化享受，一楼"放飞梦想，快乐起航"、二楼"诗书礼乐，传承经典"、三楼"纽扣教育，润泽童年"文化主题鲜明。走进班级，宽敞整洁的教室更充满乐趣，花鱼盎然，匠心独具。翰墨书香，诗路花语，和谐包容的校园氛围使学校不仅是学生获取知识的学园，更是健康成长的乐园。

学生在和谐教育中全面发展。"琅琅书声，阵阵歌声，晏晏笑语，莘莘学子"这是属于校园的独特风景。学生脸上洋溢的笑容是我们践行办学理念最好的成果，也是学校丰富和完善的持续动力。"梦想舞台"精彩不断；"开学课程"成长起航；"毕业课程"难以忘怀；"师生宣言"立德修身；"旅达天下"游学齐飞；"六年六节"非童凡响；"职业体验"责任担当；"晒我生活"暑你最棒；"十二之歌"醉深我情；"汽车之子"传承发展；"晨读之约"品味书香；"阳光课间"欢乐无限……十二小学十二烙印，关注获得，辐射张力。学校不断挖掘有利于学生成长的元素，菁菁校园，润泽一生：艺术节百花齐放、读书节书韵飘香、英语节烂漫多姿、体育节点燃激情、文化节凝聚力量、游戏节编织童年……这些热气腾腾的校园场景都彰显出学校尊重生命、立德树人的人文情怀。"快乐足球，全面发展"形成品牌，丰富多彩的课程和活动点亮了学生的校园生活，学校也从普通的足球传统校发展成为全国校园足球特色学校。学校足球队成绩斐然：中国教科院全国校园足球赛亚军、长春市校园足球联赛冠军……那沉甸甸的二十余省市冠军奖杯奖牌记录学校足球的辉煌。勇者无惧，猛志常在，我校的阳光伙伴更用团队的力量和进取的精神勇夺吉林赛区冠军，跻身全国十强。"AC米兰校园行"走进长春汽车经济技术开发区第十二小学，人民网、新华网、中国日报、中国教育在线等多家媒体进行报道。这些无不展示了师生良好的精神风貌。

教师在和谐教育中专业发展。教师在学校各项工作中的齐心协力，就像学校教师合唱团一样，唱出美妙和谐的乐曲；体现在教师的激情工作中，就像学校篮球场的图标设计和实施，教师的创意和能力是无限的；体现在教师为了学校的发展群策群力，青年教师的座谈会如咖啡浓烈，中老年教师座谈会如清茶淡雅，不同的是滋味，相同的是他们对于学校的那份情感；体现教师为了学校荣誉尽其所能，和谐奋进……正如日本思想家池田大作说："文化是这样一种东西，它把人与人的心联系在一起，在其琴弦上奏出共鸣的和声。"涌现出吉林省长白名师培养对象、长春市我身边的好老师、长春市优秀班主任等一批优秀教师。目前，学校有吉林省长白名师培养对象1人，吉林省学科带头人2人，省级骨干教师4人，长春名师1人，长春市精英教师1人，长春市我身边的好老师2人，长春市骨干教师7人，汽车区学科带头人2人，汽车区名师工作室主持人2人，汽开区师德标兵4人，教师在全国、省、市各级教学竞赛中获奖。学校的教师团队更是一步一耕耘，一路共成长，学校率先在省市召开课堂观察活动现场会，多次召开市、区教育科研现场会，提高了学校的知名度和美誉度。同伴互助，团队共进，学校品生品社学科组被评为吉林省优秀学科组，学校数学学科组、体育综合组在教育局风采大赛中斩获十佳。学校道德与法治课程组获得长春市道德与法治学科教科研基地学校荣誉，在长春市进行研修展示。

学校在和谐教育中持续发展。学校在办学的过程中，孕育出和谐文化的种子，经历了拔节的艰辛和抽穗的喜悦。学校在"和谐育人 全面发展"的办学理念引领下，依法治校、科研兴校、特色强校，呈现出独特的整体风貌和较为显著的育人效益。学校坚持"快乐足球 全面发展"的办学特色，代表吉林省迎接全国青少年"校园足球"工作专项调研，承办"AC米兰进校园"等大型活动，赢得广泛赞誉，更为可喜的是形成了"无限追求，进无止境"的学校精神。学校坚持"科研促教、科研强师、科研惠生"，学校率先在省市召开课堂观察活动现场会，多次承办省、市教学研讨活动，实现教师的专业发展，提高学校的知名度和美誉度。学校多项国家、省、市级课题顺利结题，形成了较为浓厚的研究氛围。办公平而有质量的教育，育全面而有个性的学生，长春汽车经济技术开发区第十二小学以昂扬的姿态，书写着教育的奋进之笔。学校先后被评为全国德育科研先进学校、全国中小学信息技术创新应用示范学校、全国阳光伙伴最佳组织单位、吉林省绿色学校、吉林省信息技术装备先进学校、吉林省基础教育校本教研先进单位、吉林省语言文字示范校、吉林省家校共育示范校、长春市平安和谐示范学校、长春市书香校园、长春市未成年人思想道德建设先进单位、长春市教育科研先进单位、长春市新优质学校等殊荣。学校多次承担教育局各项大型活动和迎检，承担省市影子培训任务，多次送培到县到乡，数十次在全国、省、市进行经验交流。学校在坚守与创新的道路上踏出求真、思进、向善、达美的最强音，成为车城百姓家门口的优质学校。

立足和谐谋发展，风鹏正举谱新篇。以和谐教育作为学校发展的主轴线，是师生精神面貌、思维方式、价值取向和行为规范的综合体现，不仅彰显着学校发展的理念，更彰显着学校发展的动力，是学校发展的内涵式品牌。

第二章 和谐文化 价值引领

学校文化是学校生命所在，是学校存在的价值，是学校个性的升华，是学校发展的土壤。正如美国教育家伯尔凯和史密斯指出，一个办得很成功的学校，应以它的文化而著称，即有一个具有价值和规范的结构、过程和气氛，使教师和学生都被纳入导致成功的教育途径之中。

目前国外对学校文化以及学校文化建设等方面内容已有比较丰富的研究，主要表现在学校文化建设的意义、原则、功能与特点等诸多方面，国外学校文化建设的点滴经验也逐渐介绍进来，一个有关"学校文化"的知识领域正在形成。

在我国，近些年学校文化逐渐受到越来越多人士的关注，包括理论研究者、实践操作者、甚至政策决策者等，这无疑对进入社会转型期的中国基础教育来说是可喜的。"文化兴校""文化育人""文化管理"等蔚然成风，提示人们一个事实：在中国，学校文化建设的热潮已经掀起，学校的持续发展，有赖于学校文化的积淀与主动构建。健康、积极、向上的学校文化是学校长久生命力、核心竞争力、发展推动力的源泉，是优质学校重要的生命根基。现代中小学学校文化使学校拥有一种张力，这种系于现实和理想、传统与现代的张力，构成了一所学校无所不在，生生不息，流动的文化气息，体现了学校个性化的办学品质。

本章是在分析学校文化的概念和结构等相关领域的基础上，展现学校和谐文化建设的过程，形成学校和谐文化建设的策略，探讨学校文化建设的应然路径，从中发现教师和学生在行动研究过程中所经历的变化。这种自下而上的研究为学校文化建设的研究提供一种新的视角，把理性思辨和经验述说结合起来，以期为变革情境中学校文化建设提供实践案例。

学校文化的概念界定与结构解析

一、学校文化的概念界定

对学校文化概念的研究国内外已有大量的研究成果。在国外，最早提出学校文化概念的是美国学者华勒（W.Waller），早在1932年就在其著作《教育社会学》一书中提到过学校文化，并将学校文化称之为"学校中形成的特别的文化。"皮特森（Kent D. Peterson）教授关于学校文化的阐述在西方，乃至整个学术界都具有深远的影响，他提出："学校文化是一组规范、价值和信念、典礼和仪式、象征和事迹，这些因素构成了一所学校不同于其他学校的个性，正是这些不成文的因素随着时间的流逝促使教师、管理者、家长和学生一起工作，一起解决问题，共同迎接挑战和面对失败。"

经常被引用的当属霍克曼（Heckman，P）对于学校文化的理解。他认为，学校文化可以理解为教师、学生和校长所持有的共同信念，这些信念支配着他们的行为方式；同时，学校文化和学校本身的传统与历史也有密切的关系。

学校文化真正在我国引起反响的是20世纪80年代。2000年新课程全面启动，"学校文化"逐渐取代"校园文化"成为当前教育界努力的方向。其中比较有代表性的有以下几种：

郑金洲从组织学、文化学的角度，把学校文化定义为："学校文化就是学校全体成员或部分成员习得且共同具有的思想观念和行为方式。"这种定义强调动态性，指出学校文化是不断发展的活生生的过程。

俞国良、王卫东从心理学和组织氛围的角度，认为"学校文化是学校所特有的文化现象，是以师生价值观（学生为主体、教师为主导）为核心以及承载这些价值观的活动形式和物质形态。"

顾明远从文化主体的角度，认为"学校文化是经过长期发展历史积淀而形成的全校师生（包括员工）的教育实践活动方式及其所创造的成果的总和。"

季苹认为："学校文化的表象是学校中大多数人在组织中表现出来的做事方式和处世态度，其核心是这些做事方式和处世态度的"内隐规矩"和"内隐概念"。

马云鹏教授认为："学校文化是学校师生在长期生活中积淀下来的思想观念、行为方式和生活习惯等。"这个观点为理解学校文化提供了新的视角。

此外，有的学者认为学校文化是特定的文化氛围和传统，有的学者认为学校文化是物质财富和精神财富的总和，也有学者对学校文化做了形象的比喻：有学者把学校文化比作一棵生命树。"学校中具体的物质、行为、制度、精神的状态是生命树的叶子；学校中大多数人对待物质、行为、制度、精神的态度和方式是生命之树的主干；学校所在地区的本土文化以及行政文化是学校文化的土壤。"也有学者说它是"一条活动着的情感、社会习俗和群体行为的河流，永远不断地在学校内部流动着。"

人们对文化的表述不同，对学校文化的理解也是丰富多彩，作为一般意义上的学校文化是学校成员共同享有和认同的行为取向、期望、价值观、信念和行为态度的统一体，是学校制度、课堂研究方式、师生互动方式以及学校的传统、活动、仪式等物象或者具体行为，学校价值观是核心。

二、学校文化的结构解析

美国文化学者克莱德·克鲁克洪（Clyde Kluckhohn）指出："文化不仅有其内容而且有其结构这一事实，现已获得普遍的认识。"作为社会亚文化的学校文化也同样不仅有内容而且有结构。

在学校文化结构领域，常见的研究思路是通过"化整为零"、理性架构的方式来进行。比较普遍的划分有：从学校文化对象来分，可以分为教师文化、学生文化、学校行政人员文化、学校有关的社区文化（林清江）；从学校文化的要素上分，可以分为学校战略、学校理念、学校行为、学校视听、学校文化网络等内容（时雪松，2005）；从学校文化的层次上分，分为物质文化、制度文化和精神文化（俞国良等）；从表现形式上分，分为主流文化、校园文化、班级文化、教师文化和学生文化等五种表现形式（李学农，1994）；此外，有学者把学校文化比喻为三个同心圆：一是表层的实体文化；二是中间层的制度文化；三是内层的观念文化（刘祖俊，1999）。

纵观上述分类方法，各有各的特点，为我们研究学校文化提供了很好的思路，便于我们清晰的研究各个要素，掌握要素之间的相互作用。但笔者认为，学校文化诸要素不能把各部分做独立性地理解，而应当把学校文化作为一个不可分割的意义整体来理解，只有在整体的架构下，放在具体、复杂的学校背景下才有意义，才能发挥其本身的作用。"学校文化是一个整体性概念，无论从什么角度分析，都不能把学校文化割裂开来，而应该处理好整体与局部的关系，在学校文化完整的系统内进行合理的分析和考量。"从这个角度来分析，学校文化的整体结构模型更能体现整合、互动的原则，现选取三个具有典型意义的呈现：

前人的研究成果大致可以分为两种观点：即"洋葱"模型和"冰山"模型。"洋葱"模型是把学校文化当成一个整体，由外至内分为三层，即表层、中层和核心层；"冰山"模型把学校文化分为隐性结构和显性结构。没有隐性结构的显性结构只是一株无根的花，虽有香味但很快枯萎，经不起时间的流逝。灰色地带则是半显半隐的分界区域。（表2-1）

基本成分	具体内容	主要特点
显性成分	1.做事方式（待客方式；学校成员内部的互动方式；与上级部门互动方式；处理问题的自动化行为） 2.学校图腾、标语等 3.学校建筑与布置 4.典礼与仪式 5.榜样与故事 6.学校制度与规范（包括课堂规则） 7.课堂教学行为	可观察和测量的
灰色地带	学校系统	半显半隐的
隐性成分	1.学校成员共享的价值观与信念 2.学校成员行为和价值观的前提和假设，它往往比价值隐藏的更深，需要更细致和深入的挖掘； 3.制度行为的动机	需要长期的共同生活方可把握

表2-1 学校文化的冰山结构表

学校文化是按照人的生存、生活、生长的理想状态构建的"人"化环境。文化的本质理所当然就是对人类生命和精神的开发。张宝贵在《学校文化的系统结构解析》一文中的结构模型，从深层到表面，从抽象到具体，从四个层面展开：一是核心系统，即学校教育价值观系统；二是精神文化系统，是教育活动的理性认识；三是行为文化系统，规定着一切教育活动的行为标准；四是标志文化系统，是一切教育活动成就的展示。（图2-1）

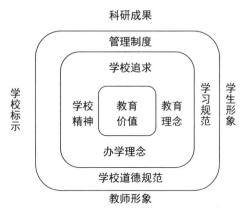

图2-1 学校文化系统结构

学校精神文化是学校文化的核心，规定了学校文化的定位和发展方向，在学校文化中处于上位，而相应的物质文化、制度文化、行为文化都处于下位。而在精神文化的系统中，学校价值观是灵魂，可见学校的价值观是学校文化的核心，也是学校文化变革的切入点和突破口。要建设学校文化，关键是拥有自己学校的核心价值观。（图2-2）

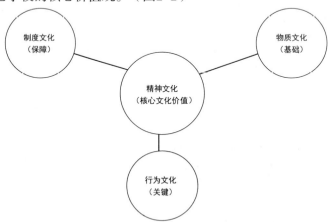

图2-2 学校文化构成要素

以学校价值观为核心，寻求和谐文化建设路径

近年来，学校文化受到教育同仁的广泛关注，"文化兴校""文化育人""文化管理"等蔚然成风，这无疑对进入社会转型期的学校来说是可喜的。而学校价值观是学校文化的生命根基，也是学校文化变革的突破口。正如有的学者指出"理解学校价值观，是理解学校文化的一把钥匙；学校文化的建设，首先的就是学校价值观的反思与重构。"几年来，我们学校从理论和实践进行了探索，形成了自己校本化的理解和做法。

一、关于学校价值观的认识和理解

（一）国内外学者对学校价值观的众说纷纭

学校价值观和企业价值观有共通之处，一些著名的企业都很重视共同价值观的培育。美国学者特雷斯·迪尔和阿伦·肯尼迪对此进行了研究，他们发现，共同价值观是公司成功的哲学精髓，是企业文化的基石。全体成员所认同的价值和信念能起到精神凝聚和意识导向作用，能量和活力得以增加。

管理大师彼得斯和沃特曼（Peters&Waterman，1982）的研究指出，优秀的组织都能形成共同追求的氛围，建立自己的价值标准，共享行为模式，为共同的目标而努力。

理查森认为，学校文化"就是许多个体价值和标准的积聚与融合，是对'什么是最重要的'一致性意见；是群体的期望，而不只是个体的期望；是每一个人做事的方式。"

瓦格纳对学校价值观的探讨深入了一步，注重人们之间的"共享"，认为只有达成了共享，形成了归属感、集体感和团队意识，惯例和礼仪才有意义。

国内的很多专家、学者对此也有明确的阐述。在学术界，比较有代表性的有北京师范大学研究生院副院长石中英教授谈到的"学校观念文化建设的重心是树立正确的、具有时代特色的学校价值观"。北京师范大学李红霞指出，所谓学校文化，即学校内的成员共享的信念、价值观、态度、假设等，

这是学校文化的精髓。东北师范大学的马云鹏、邬志辉等教授的观点为我们理解学校文化提供了新的视角，他们认为师生长期积淀下来的思想观念、行为方式和生活习惯就是学校文化。

综上所述，国内外学者对学校价值观的理解可谓是"百花齐放，百家争鸣"。这里并不存在着此消彼长，孰对孰错，基于认识角度的差异，自然呈现出表述上的迥异。

（二）探寻自己的学校价值观理解

透过众多的阐述，我们有必要对学校价值观作一简要的概述：学校价值观就是对学校核心价值或基础价值的一整套看法或观念。

从性质上看，学校价值观是群体文化的核心，它清楚地回答了在学校的语境中，学校提倡什么、反对什么、赞赏什么、批判什么，主张什么，体现着不同的办学理念，建构着不同的价值观。是在学校范围内，为师生共同认可的基本看法和终极判断，能够引导师生向同一个目标迈进，人们把学校核心价值观形象地比喻为学校行为的"基因"。

从概念关系来看，学校价值观成为全校师生共同拥有的精神支柱，全校师生奋斗的力量源泉，属于精神文化范畴。学校价值观成为无形却贯穿于物质文化、制度文化、行为文化的"红线"，浸染渗透其中。学校文化便是由这众多相互依存、相互作用的文化要素结合而成的有机统一体，学校价值观在其中处于统领和支配的地位，规范行事的态度与方式，渗透到教育教学的各个方面。

从逻辑关系来看，学校价值观的"上位"是学校使命，"下位"是学校愿景。作为价值判断的基础，全校师生共同认同的价值观是内生的，体现学校特点的。同时，它又是外显的、立体鲜活的，影响着师生的思维和行为。

综上分析，学校价值观是群体共有共享的意义体系，是优质学校重要的文化气质，体现学校个性化的办学品质，是学校文化成熟的标志。

二、寻求和谐文化建设的基本策略和路径

学校共同价值观培育是学校长期办学历史的积淀，是激励全体师生重要的精神力量，是由价值到内容的过程，是一项复杂的系统工程。其核心即一所学校的办学理念和育人目标。首先我们要把学校价值观呈现出来，让学校师生感受文化的存在，并为集体认同。我们学校的办学理念是："和谐发

展，快乐成长"。"让每个孩子都能健康奔跑，让每个孩子都能放声歌唱，让每个孩子都能放飞梦想"是我们的育人目标。"求真、思进、向善、达美"是我们的核心价值观，师生耳熟能详。

求真：追求真实、真诚；要说真话，求真知，做真人。

思进：积极思索，不断进取，与时俱进，勇于创新。

向善：怀善心，行善事，人格至善。

达美：语言、行为、心灵、环境达到美好境界。

真善美，是人的理想追求。人们追求真善美，就是追求和谐，就是追求快乐的人生。中国近代绘画大师、教育家丰子恺先生曾说过："圆满的人格就像一个鼎，真、善、美好比鼎的三足。缺了一个足，鼎必然立不成。人生在世，当求自身的圆满，即求真、至善、达美。"

那么如何让我们的价值观落地生根，并通过价值观发展和完善自己？我们从四个方面开展的实践运作。

（一）学校价值观形成的逻辑起点是赋予价值以意义

学校价值观的形成遵循着"认同—动机—内化"模式，学校中的师生要认同学校的价值观，理解学校价值观的意义，从而形成内在需要，最后内化为师生自觉自愿遵守的标准体系。

首先，我们坚持不懈地建立自己的领导者声音。

海尔总裁张瑞敏在谈到自己的角色时说："第一是设计师，在企业发展中使组织结构适应企业发展；第二是牧师，不断地布道，使员工接受企业文化，把员工自身价值观与企业共同价值观统一起来，把员工自身的价值实现和企业目标的实现结合起来。"

说话就是文化力，我会坚持选择不同的时机对学校的价值观进行讲解。在起初布置计划时，以《精进深行，赢在行动》为题，谈到"勿以善小而不为，勿以恶小而为之"和"见贤思齐焉，见不贤而内自省也。"在学校月工作总结时，以《给工作赋予意义——如同手指穿过婚戒》为题，谈到校长和教师的意义在于给学生良好的教育；在年底的恳谈会上，以《理清四个关系，期许新学期》为题，谈学校的底线和榜样，树立让善者昂首挺胸，让有德者实至名归的校风；在学校大型活动或迎检后强化学校荣誉感；在学校大型活动后，以《寻找学校发展的核心地带》为题，谈学校发展的目的就是去改变校园里的每一个"人"，去帮他们描画好人生的底色；在期末校务会上，分别以《学校文化：在行动中诠释》《和谐文化的凝聚力和创造力》为题，解读学校价值观内涵……两年来，我在学校共进行主题讲话17次，在自然状态下，在潜移默化渗透下，师生慢慢理解和接受学校的价值观，并对文化现象进行挖掘，使价值观外显，要义明晰，从而内化为行动。

其次，学校价值观的表达符号和标志起到凝聚的作用。

学校文化建设实质上是学校组织中的意义系统的创建。正如圣埃克苏佩思所说："如果你想建造一艘船，首先要做的不是去采集木料，加工木板和分派工作，而应去唤起人们对广阔无垠的大海的向往。"学校校标的设计、解读到广泛应用，随处可见，随时渗透，被全校师生共识；受此影响，在学校的班级文化展评中，每个班的班徽设计群策群力，创意飞扬，守住一间教室，班级文化就成为孩子心中的"道德律"；学校文化产品传播学校的精神文化（宣传材料、标牌、请柬等），学校文化节我们在全校学生和家长中征集会徽，经过美术组的认真评选，四年一班王一然和陈冠儒同学及家长的作品获得特等奖。像这样，全校征集的还有我们的校歌《我们快乐我们阳光》，教师之歌《教师颂》，因为有着广泛的群众基础，展示学校的基本价值追求，所以才能在全校师生中唱响。

此外，我们还借助各种媒介，学校周简报、校园电视台、校园网络、学校文化墙、宣传栏等对全校师生进行强化与教育。学校每年还制作宣传片，向全校家长宣讲学校核心价值观。

（二）学校价值观落实的有效渠道是寻找自己的语言

学校文化是一张强有力的意义之网。是组织成员所共享的意义结构，它是由一系列故事或语言所组成的，重视学校价值观的故事讲述，使用师生所创造的自己的语言，培养师生的责任感和使命感，这将是学校文化网络的联结点和学校精神的主要生长点。

我们注重营造有机的生命体，在学校中建立共生共荣的使命与情怀。全校教师为教学质量而打拼，捆绑前行中知道什么是荣辱共担；教师做课时学科团队一起研究，鼎力相助中理解什么是同舟共济；音体美教师绘制丰富多彩的游戏场，画到繁星点点，累到席地而绘，累并快乐中体会什么是信任支撑；学校大型活动时全体总动员，忘我工作中书写下什么是追求卓越……像这样的普通的经历都成为我们故事的素材，从而成为不普通的事件，获得其他方式无法获得的感受和理解能力。

　　我们学校每年都在讲故事，尽管主题不同，故事的呈现方式不同，但相同的是都要体现学校的价值观，体现"本土话""校本话"，用海明威的话说："就是寻找属于自己的句子。"每年一次的学校最高荣誉——和谐团队的评比，讲述的是团队自己的故事，每个团队的讲述可谓匠心独具，都具有鲜明的特点。教师节表彰会上，我们讲述的是学校先进的故事；在学校大型活动的讲评会上，我们讲述的是学校典型的故事；在巾帼风采展示时，我们动情地朗诵着我们自己创作的诗歌《和谐花开在眼前》，倾情演绎着我们自己改编的歌曲《和谐真情》，每一名老师都用真情实感在述说；学校的欢送会上，我们讲述的是温情的故事……

　　无论是什么样的形式，从策划、组稿和表达，作者永远是我们十二校人，因为真实而感人，因为原创而生动。我们的故事简单而朴素，因为故事回归到最原始的情感，那就是善良，回归到最真实的感动，那就是理解、尊重、信任和关怀。

　　（三）学校价值观渗透的重要途径是创新庆典有内涵

　　学校文化是创新的文化。学校文化建设要融入师生真实有效的活动过程中，以仪式、典礼等形式传递，在相互交往和文化互动中，让学校价值观慢慢在师生的心里消融。

　　学校的教师节庆祝活动就是宣传和强化学校价值观的重要途径。2008年的文化主题是《和谐之美》，教师和家人一起分享了做教师的荣誉和幸福，突出的是亲情文化。2009年的主题是《和谐、希望、发展》，在冷餐会的和谐气氛中，我们全校教师共同《盘点希望》，共谋发展。2010年的主题是《在灿烂阳光下》，激发教师从教的光荣感和使命感，感受和谐是一种情动辞发，更是一种自然流露。2011年的主题是《和谐花开在眼前》，在美丽的月潭山庄相亲相爱、琴瑟和谐的教师们是幸福的，教师们心手相连，求真、思进、向善、达美成为学校永恒的价值追求。2012年的主题是《和谐校园 诗意生活》，篝火翻腾心荡漾，彩云追月意飞扬，教师们诗意地栖居在圣水湖畔，享受着和谐的时光。2013年的主题是《振兴学校，我之责任》，2014年的主题是《责任心——最美教师的核心》。一路走来，主题不同，但都传递着相同的情感，就是对学校的热爱、对伙伴的支持、对学生的责任。这样，我们的典礼充满了深层次的含义，成为学校的心灵盛宴。

　　我们全面提升学校文化内涵，打造文化精品，成功举办学校文化节。

同时强化学校核心价值观的体育节、艺术节、读书节、游戏节、外语节成为我校文化建设的重要内容，文化产生的渗透力和影响力自然而强大。吉林冠军，全国十强的阳光伙伴团队是我校学生的骄傲，它所体现的团队的力量和拼搏的风尚成为学生文化的精神象征。学生身上展现的精神面貌，可以感受到文化的张力，也是学校文化品性的体现。

（四）学校价值观共享的主要载体是凝聚共同体力量

学校文化建设不是刻意的存在，而是一种关系的作用。"同伴互助，团队共进"是我校和谐文化的主题。打造精神文化，让教师幸福地工作着；打造学习文化，让教师有效地工作着；打造合作文化，让教师快乐地工作着。我们以五个团队建设为行动突破口，搭建了一个教师可持续发展的绿色平台。

基层推动 自我管理——学年团队。学年团队是学校最基本的团队。我们学校的最高荣誉——和谐团队奖就是基于学年团队。学校中的全体教师要有强烈的团队归属感和责任感是内部合力形成和迸发的基础。"和谐团队奖"就是让教师在合作中快速成长，而且在合作中逐渐寻到了"爱"的归属。每一年学校和谐团队评比都是教师自我教育的过程，从团队代表的个体演说，到团队所有成员的精彩演绎发展到高科技制作手段的运用，无不是和谐学校文化的宣讲和感召。

骨干引领 问题解决——学科团队。学校成立了以骨干教师为引领的8个学科团队，每个学科团队都有明确的发展目标，以实际问题为切入点，进行校本研修。我们设立了创新团队奖，创新精神也是团队精神的重要组成部分。学校文化建设的过程就是一个不断创新的过程。学术创新和教育教学创新是学校工作的生命线。创新精神还要转化团队创造力，像数学学科团队以案例分析的形式开展"小学生计算失误成因及提高计算能力的策略研究"；语文高段学科则以集体会课的方式研究"如何提高备课质量，优化课堂结构"等都取得很好的效果。学校的课堂观察团队更是多次在省市做现场，获得赞誉。

德育导航 功能齐备——班主任团队。班级是师生共同创造的精神财富，是学校文化的重要组成部分。它不仅能有效地调动学生学习与实践的兴趣，更能使学生形成良好的品德，塑造积极向上的精神，促进学生健康成长。而班主任团队的打造是工作重点，我们坚持每两周一次的班主任例会制度，加强班主任的德育理论学习，开展班主任管理能力培训，定期召开班主任经验交流会，不断提高班主任教师教书育人、服务育人、管理育人的意识和使命。尽管班主任工作非常辛苦，但我们的老师还风趣地说："有喜有忧，有笑有泪，有花有果，有香有色——这就是班主任的乐趣。"

凝思静品　提升素质——读书团队。我们以读书学习为载体，营造书香校园，隆重举行"最是书香能致远"教师读书节活动，成立了教师读书俱乐部，开设了"凝思静品"读书吧，打造了书香办公室，并将优秀图书作为礼物赠给教师。定期我们还请东北师范大学教授进行读书导学，激发了教师深层次的读书热情。

草根行动　网络沟通——博客团队。"分享彼此思考，交流彼此观念，提高彼此智慧，实现彼此共进。"是我校"草根行动博客群"的建博宗旨。教师们在自己的博客里面共享教学资料、撰写教学心得、与学生讨论问题，与家长交流想法、与同行研究学术。博客团队，给教师打开了另一扇窗户，让他们明白：原来，教育的世界是如此美妙！

在此基础上，我们又衍生出新的组织行为与人际关系。

坚持项目团队的建设，深度调动教师的积极性，凸显教师的主体地位。学校的校园文化建设和大型活动都采用项目负责制，在项目组长带领下出色完成各项工作。正如马云鹏教授谈到"学校文化建设的只要旨归在于'建立共识，赋权承责，各展所长'。"

义工团队建设是我校的一大特色，学校价值观不仅是一种理念或主张，必须转化为全体成员的具体行为与实际追求，成为生活在全体成员身心之中的活生生的文化现象，而学校义工成为学校响亮的名字，去年我们创作了《义工颂》，并对义工代表进行了隆重的表彰。

价值观是根植于人的思想中的一种相对恒定的生命追求，现代学校价值观建设最突出的特征是以人为本，学校共价值观培植的关键是学校共同价值与个人价值的共创共融，我们会朝着和谐的方向，坚持教育的品格，为实现师生健康、和谐成长而不懈努力。

和谐教育奠基幸福人生

——学校办学理念的解读与践行

学校办学理念是对学校培养什么人和怎么培养人的理性思考和理想追求，是在一定社会背景下，根植于学校的土壤中，对办学方向、办学目标、办学特色和办学途径等的系统认识和系统描述，通常用一句精练的语言来表达系统中最核心的含义。办学理念决定校长的办学行为、指导学校的办学方向、定位学校的品牌形象。我们学校以"和谐教育奠基幸福人生"为理念，在实践中不断践行和完善。

一、学校办学理念的认识

（一）学校办学理念的概念理解

什么是学校的办学理念，专家学者们给出了不少定义：

有的是从认识论的角度定义：如刘居富认为，办学理念指校长自身对办学活动的根本价值的认识，是校长对存在与学校教育、管理活动中的主客体之间的关系的认识与评价，以及在此基础上所确定的行为取向标准。

有的是从办学实践的视角来概括：如王权利认为，办学理念应是国家教育方针、培养目标与学校教育实践相结合的产物，其内涵应具有地域性、实践性、连续性和前瞻性。

还有的是从校长办学理念的内涵形态上分析：如李伟胜认为，办学理念是校长以多种身份对具体学校进行多角度思考的结果。

……

无论从哪个角度阐述，学校办学理念都具有以下特点：时代性与超前性、实践性与理论性、稳定性与发展性、同一性和多样性。

（二）学校办学理念的形态分析

前段时间读了李伟胜的一篇文章很受启发，是关于办学理念的形态分析。他把办学理念区分为由低到高的四种形态：以技术见长的、以策略见长的、以制度见长的和以思想见长的。从性质来看，从外来思想为主到独立思考为主，作用领域从浅层、局部领域到深层、学校全局，关注的目标从解决问题到提升精神生活境界，学校工作状况从有一定长处到形成学校教育品牌。（表2-2）

形态	性质	作用领域	关注的目标	学校工作状况
以技术见长	外来思想为主 ↑ ↕ 独立思考为主	浅层、局部领导 ↑ ↕ 深层、学校全局	有创意的解决学校工作中的一些具体问题	完成上级规定的常规任务，在一些教育方法和管理方法上有一定长处
以策略见长			在某些领域形成系统措施，以完成一些具有战略意义的任务	抓住一些重要任务，尤其是有宣传效应的工作，在教育策略和管理策略上有一定特点
以制度见长			通过制度建设来改进教师的工作方式与学生的学习方式	有符合本校实际的办学理念，并通过落实与制度建设中，促进学校发展
以思想见长			通过文化建设来提升学校成员的精神生活境界	有鲜明的自主办学理念，致力于形成有特色、有品位的学校文化，由此形成学校教育品牌

表2-2 学校办学理念的形态分析

从中我们不难看出，学校的办学理念如果只关注表层因素而忽视深层思想，有可能舍本逐末。我们只有不断开阔视野，超越具体的技术、策略、制度而逐步形成思想，我们的办学理念才能逐层提升。

二、学校办学理念的校本化解读

（一）我校办学理念形成的几个阶段

第一个阶段是最初对学校办学的想法。这一阶段我们主要是基于学校的办学传统和办学现状的分析，希望能用精神引领教师，用文化再造学校，所以提出了和谐文化。

第二个阶段是形成基本的办学思路。我们从四个方面进行了架构，期望让学校的表面和深层的结构发生变化，达到"学校积极服务""学生有效学习""教师教学专业""家长社区正向参与"的和谐目标。

第三个阶段是初步形成学校的办学理念。经过几年深入的实践，我们提出了"和谐教育奠基幸福人生"的办学理念，具体化为学校的办学目标、办学特色、治校方略、校训、校风等。从内容框架来看，这是以和谐教育为原点的整体建构；从结构方式来看，这是对学校教育场景的整体把握。

（二）对学校办学理念的校本化解读

核心理念	行为方式	小学阶段目标	人生目标
和谐教育	幸福学习	课堂：因有效学习而幸福	幸福人生
		体艺：因自主选择而幸福	
		育人：因文明高尚而幸福	
	幸福生活	阅读：因文化滋养而幸福	
		评价：因积极体验而幸福	

表2-3 和谐教育奠基幸福人生

我们要理解好三个关键词：

第一个关键词就是和谐教育。我们把它放到变革的时代背景和转型的中国情境下来理解，我们当今的社会正处在向现代化发展的重要历史转型时期，基础性转型、机制性转型、系统性转型、生存性转型等一系列转型远远没有完成，却已深深地渗透、影响并改变着我们的观念、态度和生活。人的生命活力以前所未有的强度和广度释放出来，在新旧矛盾与冲突，和谐与不和谐中不可逆转得向前，而和谐教育正是这个社会大背景下的产物。它的理论支撑是以苏霍姆林基的全面和谐发展的教育思想为指导，我们所提出的和谐教育，它的本质是求真的知识世界、向善的人际世界和美好的心灵世界。

第二个关键词就是对"奠基"。我们基础教育的本位价值就在于"基础性"，我们要为学生奠定什么基础呢？我想，我们不仅要为学生继续上一级学习打好学科的基础，还要为学生一生的发展打好基础，更重要的是为学生一生的幸福打好基础。

第三个关键词就是"幸福"。夸美纽斯在《大教学论》中指出教育的现实目的就是帮助人在此生过上幸福的生活。他说，一个人要若享有此生的幸福，他需要具备三种品质：即知识、美德和虔信。这三种素质的种子早已潜藏在人的心灵之中。不过如果不经适当的教育，则种子不会发芽成长为参天大树。

现代教育管理也特别强调"三个关注",关注人性,关注共赢,关注幸福。幸福是师生生命中最为重要的东西。所以,作为校长的一种责任,就是真正关注教师和学生校园生活的质量,以幸福教师培养幸福学生,切实为幸福人生奠基。

三、学校办学理念的践行

（一）唤起共识,形成话语体系是学校办学理念形成和发展的基础

说话就是影响力,说话就是执行力,我们从两个方面建立自己的话语体系。一方面是坚持不懈地建立自己的领导者声音。我们会选择不同的时机对学校的办学理念进行讲解。比如,我们给老师买了一本书毕淑敏的《破解幸福的密码》,之后我会以《给工作赋予意义——如同手指穿过婚戒》为题,谈校长和教师的意义在于给学生幸福。正如这本书中所说的,"幸福是快乐和意义的结合体";我们每学期的期初和期末的校务会,我都会和老师进行主题谈话,去年年底我们交流的话题是《理清四个关系,期许2012》,我希望老师们都能做学生的引航人,并将爱的教育传承下去;上学期我们谈话主题是《寻找学校发展的核心地带》,学校发展的目的就是去改变校园里的每一个"人",去帮他们描画好人生的底色……在管理行为的强化作用与潜移默化的渗透作用下,每一名教职员工都成为学校办学理念的发展者和实践者。

另一方面是持之以恒地建立教师共享的语言。学校办学理念是在学校的语境中,由一系列故事或语言所传达出来的学校价值追求。我们给老师创造很多讲话的机会,统一认识,形成共识。比如"自由漫谈""主题论坛""深度会谈"……其中,最能体现学校办学理念并且影响最大的就是每年六月份学校的年度评比演说。从个人的精彩演说,到团队所有成员的演绎发展到今年高科技制作手段的运用,无不是学校办学理念的宣讲和感召。

（二）丰富内涵,创新教育途径是学校办学理念形成和发展的关键

学校办学理念实质上是学校意义系统的创建,我们把学校中最有意义和独特情境的学校要素融入学校的办学理念。比如,学校的校标和各班的班徽设计,充分体现了学校的办学理念,随处可见,随时渗透。学校的校歌《我们快乐我们阳光》,天天在学校唱响。学校的文化产品也传达着我们的价值

追求。我们的环境布置、校园网络、每年一部的宣传片都在唤醒和激励。

学校的重要仪式、典礼和庆祝活动，也在强化和升华学校的办学理念。学校我们每年一次的教师节庆祝活动是学校最华美的乐章。《和谐之美》《和谐、希望、发展》《在灿烂阳光下》《和谐花开在眼前》《和谐校园，诗意生活》……都成为我们的心灵盛宴，相亲相爱、琴瑟和谐的教师们在一起感受着温馨和幸福。

学校的办学理念需要表达和传递，更需要充分展现。我校教师在三八节表演的场面，老师们动情地朗诵着我们自己创作的诗歌《和谐花开在眼前》，倾情演绎着我们自己改编的歌曲《和谐真情》，每一名老师都用真情实感在述说。现在想起来，我依然温暖和感动。

同时学生在小学六年的六个节日（文化节、体育节、艺术节、读书节、英语节、合唱节）成为传播学校办学理念的重要载体，其产生的渗透力和影响力自然而强大。

（三）凝聚力量，激发教师团队是学校办学理念形成和发展的保障

学校办学理念的形成不是一蹴而就的过程，需要时间和反复磨合，要允许教师有一个逐步认识和接纳的过程，而学校成员相互的作用是非常重要的。因此，学校办学理念的传播要以学校内部共同体的构建为保障，充满合作的教师团队有利于激发全体成员为共同的目标而努力工作。

我们以"打造精神文化，让教师幸福地工作着；打造学习文化，让教师有效的工作着；打造合作文化，让教师快乐地工作着。"为主旨，组建了五大特色团队，在此基础上我们又衍生出创新团队、项目团队和义工团队，她们都是学校办学理念的积极践行者。

（四）独特风貌，学生幸福成长是学校办学理念形成和发展的持续动力

我们立足今天的教育培养面向未来的孩子，让每个孩子都燃起对幸福生活的渴望之火，都充满追求幸福生活的自信之心是我们的追求所在。每当想到这个的时候，我们就会自然而言升腾起一种作为教育人的崇高感和使命感，因为我们在从事一项生命的事业，我们为学生幸福的人生而教育。

我们立德树人，自己也和学生一起道德成长。在学校文化节上我被师生高唱国歌的场面感动过，在学校广播操比赛后面对学生自然站成的棋盘格动情过，听着全校学生高声吟诵《大学篇》激动过，也被学生牵着手漫步在教室而温暖过……这些都更加坚定了我们把办学理念转化为生机勃勃创造性事

业的决心。

我们体艺领先，全面育人。阳光伙伴全国十强、吉林冠军已成为昔日的辉煌，但它所体现的团队的力量和拼搏的风尚永远成为十二校学生的精神象征。学校足球队名震春城，长春市各大主流媒体争相报道；篮球队教育局冠军，广播操比赛教育局第一名，火炬接力赛全局第一名，舞蹈比赛全局一等奖……成绩背后带给我们孩子的是自信和骄傲，更是终身受益的坚强品格。我们并不是要培养更多的专业人才，但我们是让我们的孩子获得强健的体魄和审美的情趣，哪怕一点点兴趣也是为未来积淀了一种力量。

"面向每一个，尊重每一个，发展每一个"，我们追寻师生的精神家园，让"读书成为习惯，让书香飘溢校园，让生命光彩照人"，我们与孩子一起打造和谐的课堂，感受灿烂与美好，也唤起热爱与憧憬……学生脸上洋溢的幸福笑容是我们践行办学理念最好的成果，也是学校办学理念丰富和完善的持续动力。

作为校长，闻问皆因教育之情怀 俯仰总关学生之发展。努力培育自己的办学理念，为学生提供幸福的教育和为教师创造幸福的教育人生。

教育治理背景下的教学管理制度重建

教学管理制度重建是伴随着教育治理现代化的新要求，它既不是一种对新时尚的追逐，也不是一种在传统结构框架内的修饰，而是一种新的结构性转换。一年来，我们学校在这方面进行了一些积极的探索，取得了初步的效果。

一、教学管理制度重建的认识及整体构想

教育治理现代化呼唤新型的教学管理制度。袁贵仁部长在《加快推进教育治理体系和治理能力现代化》中指出，"过去我们习惯讲管理，现在强调治理；过去我们常说四个现代化，现在提出治理现代化。这反映了新形势下我们党对治国理政理念和治国理政方式规律性认识的深化，是重大理论创新。"同时他还指出："教育有没有活力，关键要看学校有没有活力。推进教育治理体系和治理能力现代化，必须把学校作为基本立足点，建立以学校持续健康发展为导向的工作机制，最大限度地激发学校作为教育"细胞"的活力。"也就是说，要想把学校管理的理念形态转化为具体的实践形态，并使二者相融共生，就必须进行"制度化"建设，通过创造具体可操作的教学管理制度，把抽象的理念转化为日常的具体行为。可见，学校教学管理制度的重建势在必行。

一所好的学校，一个优质的教育资源，不仅体现在文化上，而且体现在制度上。教学制度实际上是一种对大教育方法的规定，良好的教学制度往往能营造有利于学生创新精神培养和个性发展的教学环境，提高教师的专业化水平，提升学校的教育品位。查尔斯·埃利奥在担任哈佛大学校长40年间，最大的贡献就是创立了自由选课制，这一教学制度的创新，把哈佛带入了世界顶尖学府的行列。南京市金陵中学创立适合高中特点的新型学分制，既保证了国家和学校课程的完整实施，又激励了学生追求更高层次的发展价值。上海市复兴中学坚持实行自主研究制和"导师制"，逐步形成了开放、有序的教学管理特色。因此，教育治理现代化，对教学管理制度进行反思和重建

具有重要的现实意义。

教育治理现代化背景下的教学管理制度的本质特征，我认为就是基于"人"的管理。对此，叶澜有过一段非常精辟的论述，她说："新基础教育教学管理制度建设应把'人的培养'而不是'知识的传递'看作终极目标，教师的工作就是通过制度引领学生不断地向他的人格、智慧、能力发出挑战，成为他学习、思考、探索、创造的不竭动力，给他的生命增添发现、成功的快乐，自己的生命和才智也为事业奉献的过程中不断获得更新和发展。"教学管理制度重建的目的，就在于使教学制度本身发挥"生命效应"，就在于挖掘、提升和展现教师在教育实践与思考中的生命价值，从以制度来限制人变为以制度来改变人、培育人和发展人。所以说，教学管理制度不仅仅是对人的一种约束、管理，更是一种对人潜能的唤醒、创造性的激活、心智的开启和灵性的放飞。

在这样的思考下，我们对学校教学管理制度重建的整体构想从两个方面入手：一方面，是对原有教学管理制度的修订和完善。对原有的制度我们不是全盘否定，而是创造性地融合，继承优势，弥补不足，用教育治理理念来统领，体现两个维度：一是向制度的纵向深入，二是向制度的横向拓展。纵向深入是指在制度的深度、广度、内涵上提升，横向拓展示指在制度与制度之间的制衡和关联性上展开。另一方面，我们对以往没有而教育治理倡导的制度进行了重建。我们重建的教学管理制度，不是在传统的框架下做文章，而是"另起炉灶"，以开放与创新为主导思想，结合学校自身的实际情况，进行全新构造。

无论采用哪种方式重建教学管理制度，我们都力图体现"强化基础""价值提升""重心下移""结构开放""过程互动""动力内化"，都是为实现和彰显教师的生命价值服务的。

二、教学管理制度重建的实践运作

教育治理下的教学管理制度是大家必须自觉遵守的行为准则，最终建立一种新的秩序，建立一种民主而开放，高效而充满活力，促进个性自由和谐发展的学校文化。我校从三个方面来运作：

（一）建立制度是教学管理制度重建的基础

教学管理制度重建是有型制度向无形制度的转换。过去，我们强调的是有形制度，也就是学校正式的规章制度，像教学课堂规范制度，教研组长会议制度，集体备课制度等。现在我们更多地强调的是非正式的制度，也就是无形的制度，像价值观念，群体意识，学校的氛围等。如学校建设学习制度，为每名教师推荐多种学习书目，确定"学中悟、学中做、学中思"的学习原则，规定固定的学习日，采取专业人员引领学、集中辅导学、专家指导学等灵活多样的学习形式，定期举办学习汇报会、交流会，并且建立随时公布好的学习笔记、张贴好的读书心得等学习奖励制度，促学校不仅是学生学习的场所，也成为教师学习的社区。

教学管理制度重建是集权管理向人本管理的转换。过去的教学管理制度，订得很细，指令性的东西很多，是一种窄化的目标管理，是一种高度的集权管理，管理的目的是让管理者的意志得以不折不扣的贯彻落实，让具体的工作能按部就班地完成，这种硬性的、呆板的管理制度，是绝不会有积极性、创造性的勃发。教育治理下的教学管理制度，是一种以人为本的管理，管理制度由微观向宏观转变，指令性向指导性转变，它的核心应该包括两点：一是看在这种管理制度下每个人的积极性和创造力能否最大限度地发挥出来，二是看一个人在这种管理制度下是否活得有尊严和有价值。学校创设在平等的相互尊重的关系下进行沟通与对话的制度，定期组织开放的专题漫谈，对来自教师实践中困惑问题的讨论，举办教师的经验交流会，请专家和教师一起对话、交流，进行深度会谈等，形成良性互动，实现团体智慧大于个体智慧之和。

（二）执行制度是教学管理制度重建的核心

教学管理制度重建的关键在于制度的有效执行，制度的建设不应只停留在口头阶段，更重要的是把它转化为教师的具体行为，这样的制度才会有生命力。

1.广泛宣讲，引领教师树立教育治理下的新理念

制度的建立绝不是洋洋洒洒的多少文字、多少要求，它的核心就是把握制度建设效力点。教学管理制度的最终效力点在于人的认同，也就是教师的认可。所以，我们在建立制度的时候，由两条主线并行而成，一条是由上而下的引领，一条是由下而上的提炼，这个过程决不能简单化，要求教师参与制度的制定，从而形成共同的价值取向。

比如，我校的校本教研制度，我们对校本教研的基本理念、总体目标、主要形式等内容做了明确的界定，并进行了培训，使教师不仅在理论上澄清

了认识，更重要的是使理论内化为一种操作层面的要求，给大家一个明晰的方向，为制度的执行奠定了坚实的基础。同时，学校对教师校本教研行为不仅明确提出"需要做什么"，还使他们明确"怎么做"，我们出台了《校本教研制度的指导意见》，具体指出了相应的做法。这样，教师达到自身观念、态度和行为上的转变，校本研修制度也得以推行和巩固。

2.流程再造，规范教师明确教育治理下的新行为

如果说教学管理制度是理论转化为实践的枢纽，那么相应的管理流程就是规范教师行为的基本程序。我校在建立制度的基础上，再造流程，促进制度的有效转化。比如，我校的课堂观察制度，第一流程课前会议：教师要介绍本课的大致结构，包括创新点与困惑。观察者与被观察者围绕问题展开商讨并确定观察点。第二流程课中观察：进入课堂，依照事先的计划及所选择的记录方法，对所需的信息进行记录。辅助问卷调查、访谈、文献调查等。第三流程课后会议：包括自我反思、定量或定性分析、思考和对话、建议和对策。这样，教师工作不再是一潭封闭的池水，而是一股股交融奔流的小溪，在制度流程的导引下，互相融合，互相撞击，思考许多深层次、有价值的问题。制度已经不拘泥于一种形式、一种内容，而是渗透到了教师每一天的教育研究、每一次的交流讨论中，已经成为他们教学研究活动的一种习惯方式，一种职业状态。

3.配套支撑，促进教师形成教育治理下的新常规

过去，我们在制度建设的过程中，只有实体制度，没有保证制度实施的相关内容，制度往往流于形式。所以，我校在建立各项制度的同时，还拟定了相关的配套制度，有总体的奖励办法，具体的考核细则，记录的表格形式、内容确立。对于制度的执行，我们从宏观调控，到微观安排，每一项制度都做到人员、内容、组织保障、检察督促四落实。通过完善制度体系，促使学校工作有被动变为主动，由自发走向自觉，由无序走向有序。

（三）转化制度是教学管理制度重建的根本

教学管理制度的重建不是目的，它只是教育治理过程中的推进策略。教育管理制度重建的落脚点是要实现观念到行为的转化，要求到习惯的转化，形式到实质的转化，最终建立一种新的促进师生共同发展的学校文化，这也是我们不断努力的方向。

三、教学管理制度重建的初步效果

几年来，我校致力于教学管理制度的重建，经过实践与探索，取得了初步的成效，突出体现在：

1.初步建立了学校教学管理制度体系

我校教师人人参与制度建设，完善和重建了两本教学管理制度集，其中包括教学管理制度36个，校本教研制度21个，建立流程7个，表格21个，在这些制度的规范下，学校教学工作有序开展，高效运转，提高了管理效率和管理执行力。

2.实现了教育思想的融合

教育管理制度的重建是解决教育思想融合这一问题的最佳途径，通过努力，学校教师对教学要求通过制度达成共识，工作状态呈现整体上升的趋势。

3.促进教师的专业发展

教学管理制度的重建为教师群体的发展构建了自我提升的在线平台。教师的教学观念发生了根本的转变，课堂在发生着深刻的变化，教师自身的反思意识和能力有效提升，教师的教科研能力明显增强，校本课程的开发能力显著提高。教师专业能力迅速提升，骨干教师彰显风格，青年教师崭露头脚，教师实现了在原有水平上的提高。

4.促进学校工作全面发展

教学管理制度的重建使学生们直接受益，"让每个孩子都能健康奔跑，让每个孩子都能放声歌唱，让每个孩子都能放飞梦想"是我校的办学追求。坚持"和谐教育奠基幸福人生"的办学理念，以"求真、思进、向善、达美"为校风，把"体艺领先，全面育人"作为学校的办学特色，有效地促进了教育资源的优化，激发了和谐共进的团队精神，形成了坚实的办学合力，教学质量稳步攀升，学校呈现出崭新的面貌，提升了整体办学水平，为学校的可持续发展打下良好的基础。

凝聚教师团队力量　提升学校发展"内生力"

一、学校发展内生力的理解

叶澜教授说："任何事物真要长大，真要有力量。必须要有内生力。"我非常认同这样的一个观点，无论是教师的发展和学校的发展，都要有蓬勃的内生力。新基础教育的内生力，它包括两个方面：

一是成人成事。这是学校管理的目标，我们要把成人和成事关联起来，成人是在成事的过程中实现的，成长起来的人又能更好地促进转型变革事业的实现。我无论是在长春汽开区实验小学任教学校长，还是在长春汽车经济技术开发区第十二小学任校长，无论是哪一所学校哪一个岗位，我都本着把我们的事情做好，同时要培养人、成就人。用一句话来概括那就是：人对了事情就对了！

二是发展自觉的培养。人如何能成？如何在做事中成？那就是以学促自明、以思促自得、以省促自立、以行促自成。通过不断的学习、思考、反思，落实到行动上，使我们每个人得到自觉地发展，使我们的思维更有教育化，我们的思考更为现代化，我们的思路更加专业化。

怎么来激活学校的内生力呢？我想首先我们要做到四个读懂：

第一个读懂就是读懂我们的时代。站在新时代的路口，可以说是日新月异的新时代，我把它概括为"四期叠加"的历史新时期：教育发展的快速提升期，综合改革的攻坚克难期，百姓诉求的日益多元期和深层矛盾的集中凸显期。

第二个读懂就是要读懂我们的学校。明晰研究性质为整体转型的自觉，我们的学校处在发展转型期：从内容上来说，从外延式发展向内涵式发展转型；从动力上说，从外在式发展向自主式发展转型；从形式上来看，从同质化发展向特色化发展转型；从手段上来看，从借鉴模仿式发展向创新性发展转型；从状态上看，从阶段性发展向持续发展转型。我们学校是一所发展中的学校，根据学校的优势和基础，以及问题，我们确定了我们学校发展的主题：文化引领价值、课程激发活力、足球形成品牌、科研提升品质，以达到"无限追求，进无止境"的境界。

第三个读懂就是读懂教师。教师是学校最有生命力、最珍贵、最独特的资源，提升教师转型发展的自觉，叶澜教授从四个维度进行角色重构。第一从教师与变革关系的维度，原来教师更多的是上级制度、规定的机械的执行者，现在的教师，更多是有思想的实践者，有发现的研究者和有创生能力的变革者。第二从教师和学生的关系维度，原来我们说教师是蜡烛、是牧羊人，或者是学生成长路线的规定者。现在的教师更多的是点亮学生心灯启蒙者，用人类文明使学生成人的养正者，学生才情智慧人格发展不可替代的助成者。三是从教师和学科的关系维度，原来的教师把知识传递给学生，通过反复训练达到高分。现在的教师更多是学科知识的重要的激活者，学科育人价值的开发者，教育教学实践个性化的创造者。第四从教师和自我的关系维度，原来的教师可能没有更多自我，是群体中的依附者。现在的教师，更多的是自主选择职业的责任人、不断地自觉地提升德行的发展者，是在群体合作中不断地发挥发展个性的主动者。

校长作为首席教师，如何引领教师成长，引领培养全面发展的人呢？我认为应该有理论的认知、有教育的见解、有专业的境界，熟悉国家政策、队伍建设的趋向、培训的理念等，还包括我们的教学能力，我们的示学、示教、示范，教研能力，打造我们的团队，能够按需的设计，精心的组织，课程资源的研发能力……

第四个读懂就是读懂理论与实践的关系，致力于建构新型关系的探究的自觉。对教育变革的认识，层级转化结构的理论，作为学校的管理者，应该在理论和实践的双向转化和渗透上不断完善。

学校的内生力是一种系统中的优化。一方面就是从学校教育的整体宏观的视野来做，将学校系统性的改革计划注入学校的结构和运作当中，通过多个层面的互动和变革，有效而持续的达成教育目标。另一方面从微观视野上来做，可以在日常的运作中进入一些新的元素，改变原有的一些价值取向和方式方法，以此为教与学提供更多可行的途径，前瞻性地带动系统层面的改变。

学校内生力的推进的方式就是行动研究。以凯米斯的四环节架构，边研究边实践边反思边提升，螺旋式加深。以解决学校的实际问题为目的，在一种真实自然的教育情境中，综合运用多种方法和技术，按照一定的操作程序进行的行动研究。

学校发展的内生力是学校持续发展的再生长的过程，以目标的引领为前提，以策略的优化为基础，以机制的优效为促进，以问题的解决为根本，以专家和行政的合作与支持为保障。

二、团队合作下的教师专业实践

（一）团队合作的理解

什么是团队？团队是有几个人的组织，这些人具有互补的技能，对一个共同目标及方法作出承诺，并彼此负责。团队和群体有什么不同呢？我们从目标、责任、协同、配合、技能几个方面来进行一下分析。从目标上看，工作群体是个人的目标，工作团队既有个人目标，还有团队目标；从责任上看，工作群体重视的是个人绩效，工作团队有集体的绩效，也有个人绩效；从协同配合上看，群体是个体化，工作团队有个体独自的工作，还有共同完成的任务；从技能上看，群体是随机的，工作团队是相互补充，相互配合的。

（二）专业实践的途径

以往的实践经验告诉我们，名师是教师觉醒且连续坚守而成，名校是群体觉醒且连续坚守达成。下面以我校团队研修的四次嬗变为例，寻求专业实践的路径：

团队研修一：在团队研修的安排上，有时间、地点、上课的内容，研修流程是提前预热，启动经验性反思；紧扣问题，选择思考性主题；确定任务，强化实质性互动；分享经验，积累实践性知识。

团队研修二：我们在第一轮研修的基础上，突出的是研修主题的确定和研修形式的多样，同课异构、自我研修、叙事沙龙、案例分析等，结合主题进行有效设计。主题的来源，来自课堂教学最真实的情景，课堂教学亟须解决的某一具体的真实问题，有针对性。主题是教研组教师或者不同层次的教师共同关注的问题，有典型性。主题能与教学内容有效衔接，入口要小，有可能性。对比两次研修，第一次研修是一种常规的教学研究，一种展示课，而第二次研修进行的研究课，有明确指向的研究问题或主题，基于问题解决的教学设计，聚焦于发现问题的观课，着眼于问题解决的交流与互动。强调新课程理念指导实践的反思，强调问题的解决和行为的跟进，教学案例形成教学课例，体现基于主题、持续研究、见证效果、形成成果的流程。

团队研修三：在此基础上，学科组再次提升，学科组要有自己的愿景，体现学科精神。我们的数学团队提出"要成为长春汽车经济技术开发区一流的学科组"几年的努力后，成长为教育局十佳团队第一名。

团队研修四：在研修中又加了创新之处，鼓励学科创新，在思维方式上，思考的路径上，思路的专业上有突破，我们进行创新团队的评比，我校的课堂观察在省、市脱颖而出，起到示范引领的作用。学科团队的建设，不仅要有外部的支持，更要有成果的分享。在过程中，有清晰的目标，有恰当的领导，有相关的技能，有效的结构，开放的沟通，相互的信任，才能达成一致的承诺。

在团队研修的完善中，我们看到教师走向了研究。学校从个人的研究课题、学科的核心课题、校级的精品课题到国家级、省、市课题，可以说，课题研究让教师专业发展插上了腾飞的翅膀。学校的课堂观察团队更是全省第一家以教师为主体的团队，原长春市教研室的路主任说："一线教师中开展课堂观察活动，不只是掌握一种方法和技能，更是在倡导研究状态下学习、工作和思考的专业习惯。教师只有观察自己的课堂，观察朝夕相处的同事们的课堂。才能深刻地认识自己的课堂，不断地改变自己的课堂。"

三、引领教师团队发展的再思考

"同伴互助，团队共进"是我校和谐的教师文化的主题。学校不同团队类型有不同的价值体现：学年团队，管理类型是自我管理型团队，它具有心灵的力量；学科团队，是问题解决型团队，具有智慧的实践；班主任团队，它是多功能团队，具有情义的关怀；读书团队，它是发展性团队，具有文化的气质；课堂研究团队，是创新型团队，具有学术的感染。我校教师团队的发展经历了形成震荡、规范执行到基本形成团队的历程，也逐渐在实践中成熟起来。（图2-3）

团队合作
学年团队
学科团队
班主任团队
读书团队
研究团队

团队类型
自我管理型团队
问题解决型团队
多功能团队
发展型团队
创新型团队

专业价值
具有心灵的力量
具有智慧的实践
具有情意的关怀
具有文化的气质
具有学术的感染

教师团队的发展阶段

| 前阶段 | 阶段1 形成 | 阶段2 震荡 | 阶段3 规范化 | 阶段4 执行 | 阶段5 总结反思 |

图2-3 学校团队的类型及价值

回顾我校教师团队发展历程，从提出"信息技术环境下学与教方式的变革"——追求"有效的课堂教学"——构建"以学习者为中心的三学课堂"——聚焦"课堂观察"——"基于学生核心素养的课程体系建设"，教师在专业实践中形成了共同参与、相互学习、互动交流的学习共同体。教师的专业成长体现出工作立场决定学习需求、真实案例催生鲜活经验、行动反思成就专业成长三条定则，同时体现了观念与认识、目标与信念、习惯与品格、方法与意识的四步旋梯，今后我们还要继续做好专业发展的五项修炼：激发动力：从外推到内发；激活状态：从粗放到精细；转化形式：从个体到团队；明晰角色：从模糊到清晰；指向意义：从知识到智慧，凝聚教师力量，为学生的幸福人生奠基！

学校和谐文化建设的行动与反思

一、学校和谐文化的行动研究

学校文化建设如火如荼，各地也提供了一些具有系统性、时代性的学校文化建设思路和方案。但在文化建设实践中，也出现了一些问题：将"学校文化"理解为"校园文化"，是大量实践者和研究者的思维习惯，学校文化建设外显色彩浓厚，而文化内涵暗淡；学校文化建设游离于学校的本职工作——育人之外，学校文化建设"目中无人"，没有切实关注到人的存在，缺乏对学校文化价值的追问；有的学校文化建设实践，并没有触及学校师生的思维和行动方式，没有改变学校生活，没有带来学校价值观层面的推陈出新；对处于具体变革情境下的学校文化分析较少，忽视了不同学校的文化特色和变革的独特性……所以，学校文化建设需要更加全面、合理而有效的思路。

我们学校是一所发展中的学校，基于对学校历史的认识和现实问题的分析，从2007年开始进行学校和谐文化的建设。我们的研究起点就是基于问题。问题在哪里，意义就在哪里。我们用了1年的时间来分析和诊断学校原有的文化，发现学校的主要问题就是学校的外部关系和内部结构中都存在不和谐因素，于是我们确立了和谐文化的研究方向。我们以三年为一个周期进行了两个完整循环的行动研究，我们希望能用文化再造学校。

我们的第一个研究循环是从2008年——2011年，学校文化建设的主题和主体就是人的和谐。根据对和谐全方位的理解，我们建立了学校和谐文化建设的架构。我们确定了学校和谐文化实施的四大方向：以"和谐发展，共享成长"为信念，培育积极的组织文化；以"同伴互助，团队共进"为信念，形成多元的教师文化；以"阳光少年，美好童年"为信念，建立多彩的学生文化；以"开放办学，和谐互动"为信念，营造多渠道的家长和社区文化。每一个方面都有相应的执行策略，学校的表面和深层的结构都发生了一定的变化，显现了初步的成果。

和谐文化的实施并非一成不变，而是要阶段性地进行调整与改进。学生作为学校文化建设的参与者和体验者，拥有最切身的感受和最有说服力的发言权，因此，学生对于现有的学校文化的态度和评价成为和谐文化建设效果的重要指标之一。通过对学生问卷调查，对数据和信息进行分析、判断并不断改进。教师在参与学校和谐文化建设的过程中是以何种身份与姿态融入其中的，教师在多大程度上经历着怎样的变化与成长，还应通过更大范围的访谈，更科学的调查等形式来说明，通过对信息的归纳与分类，进一步为行动提供依据。

第一个行动研究循环之后，我们进一步反思，学校和谐文化建设如何向纵深发展？学校文化建设中的核心和关键是什么？或者说，学校文化建设中"连根拔起"的东西是什么？经过查找文献资料，我们明确了要建设学校文化，关键是要拥有自己学校的核心价值观。学校的价值观是学校文化的灵魂，也是学校和谐文化建设的生长点。正如圣埃克苏佩思所说："如果你想建造一艘船，首先要做的不是去采集木料，加工木板和分派工作，而应去唤起人们对广阔无垠的大海的向往。"

第二个行动研究循环（2011年——2014年）我们是以学校价值观为核心的和谐文化建设。学校价值观是有关学校核心价值或基础价值的一整套看法或观念。我们以罗伯特和亨利关于组织文化研究的四种基本取向作为实践框架：组织共享的规范、信念和价值；有关组织的故事、语言及传说；组织的典礼、仪式；组织中成员的交互作用。我们把它转化为我们的基本策略和路径。当然，每所学校都有自己独特的历史、独特的环境、独特的人群，表达学校价值观就是要突出学校特有的、属于学校个性的东西，属于学校的原创性文化。（图2-4）

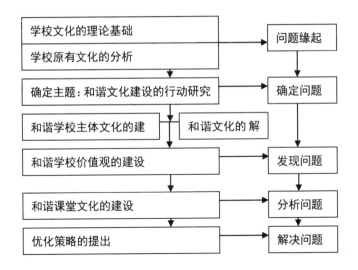

图2-4　学校和谐文化建设的研究框架

学校文化建设采用的是行动研究的方法，是以解决教育教学的实际问题为目的，针对教育实践中的问题不断地探索和改进，我们本着"边研究、边实践、边反思、边提升"的行动研究策略，深入到真实，动态的学校环境，以凯米斯的计划——行动——观察——反思来架构，体现螺旋式发展的过程。

二、学校和谐文化建设的反思

反思是一种内省，也是把握事物内在本质的方式。我们从系统的、整体的视角进行过程性反思，寻求对学校文化建设的实践理解。

（一）学校文化建设的永恒主题就是促进人的发展

学校文化建设的根本目的是促进人的发展，要把"人的发展"作为学校文化建设的出发点。学校中人是唯一的，独特的，珍贵的，需要尊重和善待的。学校文化建设就是要为教师和学生的幸福服务，为学生的未来描好底色，提升教师的幸福人生。有人说，学校文化是学校的记忆，它总会以碎片的形式留存在曾经在这里学习生活过的每一个个体的情感深处，其所牵挂的不仅仅是一段故事，一段经历，而是一种延绵不断的精神。学校文化建设离不开"育人"的原则，尊重教育规律和学校教育的特点，培养学生成长为健康、有益于社会的人是学校的责任，也是学校文化建设的责任。只有充分尊重人性需要的文化，从师生"人之本性"出发，才能被全体师生所接受，才能在长期实施中积淀为真正有灵性的文化。

（二）围绕学校核心价值观进行学校文化建设是一条可行的路径

学校价值观作为学校文化建设的灵魂，放在最重要最领先的位置。同时，学校制度文化、行为文化和物质文化同步建设，学校价值观浸染、渗透、内化其中，成为学校文化建设中的一根无形却很耀眼的"红线"。

从学校层面上看，学校价值观具有统帅、规范、激励、熔炉的作用，可以说是学校的生存发展观，学校文化是教育实践成果的积淀和升华，表象形形色色，但都是以校园为背景，以师生为主体，围绕教育教学活动和生活而构建的价值系统，它是学校的灵魂，也是学校改革与发展的活力之基和动力之源，对学校文化建设起到推波助澜的作用。

从教师层面上看，学校价值观是教师自我发展、改变面貌的精神动力。学校价值观是根植于教师思想中的一种相对恒定的生命追求，增强了教师的目标意识，营造了一个共同追求的氛围，学校共同价值与个人价值的共创共融激励教师实现专业成长，使教师的能量和活力得以增加。

从学生层面上看，学校价值观对学生的健康成长产生影响。学生在某种特定的环境中接受教育，学校的教育理念、学校氛围和文化背景，都会对学生产生影响。很显然，学校对学生影响最久远、最深刻的不是考试分数、不是一项知识、而是一种文化，一种在校园生活中逐渐形成的价值取向、思想品质、行为习惯和人生态度……并将其内化为学生的一种人文素养和人文品格，为学生的终身发展奠定牢固的基础。

三、学校和谐文化建设再出发

"和谐"是一种十分理想的状态，它不仅应包括人与人、人与物、人与自然等的协调相安，更要强调人内心深处的自我和谐。和谐是一种爱、一种责任、是一种自信，还是一种心灵的境界。培植爱、责任与自信的文化价值观是学校办学思想的核心体现。

（一）文化认同——学校文化建设的基础

学校文化建设究竟能为学校带来多大的变化？在建设之初，每个人都无法回答。从最初外在形式的改变到学校、教师价值观的转变，再到课堂文化的改变，每个人都在潜移默化地经历着改变，这是一个渐变的、弥散的、细微的变化，但却是极其关键的变化，教师对文化的逐渐认同影响和谐文化建设的深入和持久的程度。

反思我们的行动过程，是一个充满希望但又布满荆棘，人的观念的改造是我们遇到的最大的阻力，需要坚定的信心和勇气，这也是改变所带来的"阵痛"过程。正如季苹所说，"学校文化既不是直接教出来的，也不是模仿出来的，而是慢慢被影响和理解出来的。改变、设一种新的环境或让教师在一种新的环境中去感受，在感受中拓宽视野，在感受中学习，在学习中构建自己的理解，并在群体中形成共识……这可能是学校文化改造的需要的过程。"

（二）强化个性——学校文化建设的特点

在整个和谐文化建设过程中，新旧文化的冲撞是不可避免的。既不能完全屈服于学校文化的历史惯性，也不能屈从于既有文化的强大吸引力，而只能以"我"为主，以独立的自省精神和创造精神推进学校文化的建设。

叶澜教授指出，"具体地说，学校文化个性的形成取决于学校领导对自己学校历史中形成的文化传统的把握和辨析，对当代社会变化和学校大文化使命的把握，以及对目前学校师、生状态以及他们不同生活背景中形成的文化特征的把握，并在此基础上，提炼、形成体现和适应本校办学理念的文化追求。"

了解一所学校，很重要的就是了解其深层次的文化品质，文化性格是一所学校独具的生命力。学校文化建设要在认真分析校情的基础上，根据学校的实际需要以及办学追求，充分开发利用学校的优势资源，或者针对学校现状整合出不同于其他学校的差异，由全校师生在教育实践中塑造出自己独特的学校文化。

（三）继承与创新——学校文化建设的坐标

学校文化是一件在继承传统与适应现实之间寻求结合点的工作，如同城市名片一样，在历史的发展中不断强化着与学校的融合，逐渐成为学校身份的证明。

学校文化建设不是效仿，而是基于学校实际的一种创新。学校文化建设需要不断地调整和丰富，更应不断地适应时代的要求，适应教师和学生的内在需要。学校文化建设还要站在时代的高度和社会发展的背景下来思考，而不仅仅是学校内部问题的改善。把学校文化建设根植于大的视野中，建立起社会文化和学校文化之间的联系，因为我们是培养适应未来社会发展的人，这样我们的实践才具有现实意义。

（四）指向未来——学校文化建设的动力

荷兰哲学家冯·皮尔森（C-A-Van Peursen）在《文化战略》中指出，"文化必须变得更有动态性，更注重未来的取向"。

真正面向未来的学校文化，恰恰是扎根于传统与现实的文化土壤中，能孕育出超越历史与现实的文化。学校文化是否充满活力，是否有文化状态，是衡量学校成熟度的表现。让昨天、今天沉淀下的文化在明天发挥更大的作用。让每一名师生都能在创造学校新的文化的同时发展更好的自己是我们的追求，这也是学校文化建设与时俱进的要求。学校文化建设要看十年后，甚至几十年后，随着学生步入社会所产生的影响，这将是学校文化建设持续发展的动力。

冯骥才说："文化要靠时间和心灵悉心酿造，是一代代人共同的精神成果，是自然积淀而成的。"教育既是一种文化形式，承载着文化的内容，也是一种文化行为，发挥着文化的作用。高品质的学校文化是学校综合实力的标志，是优质教育品牌的内核，是学校发展壮大的决定性因素。把学校文化建设当成"生命之旅"，每天聚精会神、全身心投入其中，用爱去发现那份美好，这就是最尊贵的文化之旅。

第三章　和谐德育　润泽生命

"和谐德育"的提出，是以"人与自然，人与社会，人与自身和谐的三位一体的马克思主义的和谐观"为基本理论，遵循和谐德育的四个实践原则：以人为本的原则、整体和谐原则、继承创新原则、服务实践原则。深化和谐德育内涵：整合优化的和谐德育观，学校、家庭、社区"三位一体"和谐贯通；体现和谐有序的德育过程观，知情意行"四环节"和谐；树立全面发展的教育质量观，德、智、体、美、劳"五育"和谐，而社会主义核心价值观体系是和谐德育的根本。立德树人，浸润生命底色，发掘新时代立德树人的深刻内涵，坚持立德树人的价值导向，坚持守正创新科学育人，加强体系建设整体育人，勇担时代使命潜心育人，汇聚各方力量协同育人，引导学生传承爱国精神，接续时代奋斗，谱写新时代奋进之歌。

坚信、坚持与坚守同在

应对社会发展的时代挑战，学校从外延式发展向内涵式发展转变，从外控式发展向自主式发展转变，从同质化发展向特色化发展转变，从借鉴模仿式发展向创新型发展转变，从间断性发展向可持续发展转变，在学校转型发展的重要阶段，我们体现三个关键词：坚信、坚持、坚守。

一、坚信——信念坚定，价值引领，以人为本

（一）坚信抓好党建促发展

在教育局党委的正确领导下，学校坚持围绕中心抓党建，主动适应发

展新常态，通过"343"工作策略（"三个抓手"：抓基础、抓队伍、抓落实；打造"四项工程"："红旗党建工程""暖心工程""青梦工程""牵手工程"，三个目标：创建学习型、服务型、创新型"三型组织"），从"五大建设"（强化思想建设，着力打造学习型组织；夯实组织建设，造就高素质党员、干部队伍；深化作风建设，巩固"三严三实"教育成果；完善制度建设，提高党的执政能力；加强廉政建设，营造风清气正的办学环境）方面不断增强党建工作的内涵，为办家门口的优质学校提供坚强的组织保障。

（二）坚信做教育要依文化

学校深耕十年的和谐育人文化，校园充满生机与活力。我们以"和谐发展，共享成长"为信念，培育积极的组织文化；以"同伴互助，团队共进"为信念，形成多元的教师文化；以"快乐足球，全面发展"为信念，建立多彩的学生文化；以"开放办学，和谐互动"为信念，营造多渠道的家长和社区文化。学校的经验多次在全国、省、市做展示。《德育在学校社良性互动中走向和谐》发表在《中国德育》上。

（三）坚信做管理要靠教师

学校拥有一批专业化程度较高的教师团队，涌现出吉林长白名师培养对象，长春市"我身边的好教师"、车城最美教师等一批优秀的骨干教师。青年教师脱颖而出，在省市各项大赛获奖，并走向全国。学校新生代教师在每段成长经历中都能发现更强大的自己。

二、坚持——立德树人，特色办学，科研强校

（一）坚持立德树人，育人为本

"琅琅书声、阵阵歌声、晏晏笑语、莘莘学子"这是属于校园的独特风景。学生脸上洋溢的幸福笑容是我们践行办学理念最好的成果，也是学校丰富和完善的持续动力。学校通过一些独特的文化或者活动，形成"十二烙印"课程，成为他们一生最难忘的记忆。梦想起航舞台精彩不断、毕业礼难以忘怀、军训展演英姿飒爽、科普活动点亮梦想、社区活动爱心传递、蓓蕾绽放馨香四溢……这些热气腾腾的校园生活都彰显出学校尊重生命、立德树人的人文情怀。

（二）坚持快乐足球，特色办学

"快乐足球，全面发展"是学校特色，学校经历了由项目优势到学校特色，再到特色学校的发展轨迹。从普通的足球传统校发展成为全国校园足球特色学校。多年来的传承和发展，坚守与创新，丰富多彩的课程和学校活动点亮了学生的校园生活，进一步彰显学校的办学特色。2015年代表长春市在石家庄全国十城市校园足球会议上进行交流，2016年在长春市基础教育质量提升工程汽开区现场会和湖南省教育局局长研修班中做团队汇报，2017年11月28日代表吉林省迎接全国青少年"校园足球"工作专项调研，获得广泛赞誉。

（三）坚持探索规律，科研强校

回顾学校的发展轨迹，我们可以清晰地看到，学校走的是科研强校之路。"科研促教、科研强师、科研惠生"，学校率先在省市召开课堂观察活动现场会，多次召开市、区教育科研现场会，提高了学校的知名度和美誉度。"十二五"期间，校11项省市课题顺利结题，每名教师都参与了省级课题的研究，学校形成了较为浓厚的研究氛围。"十三五"，我们以"课程建设中的教育生长"为发展主线，进行课程开发的有益探索，尝试走班选课，深受学生和家长的欢迎。学校的课程视野下的学科组建设和17本特色课程的开发，提高了教师课程开发的意识和能力。

三、坚守——责任与使命，思考与践行

（一）坚守教育责任，不忘使命

学校教育应该是"栽培生命"的过程，我们每一次与学生相遇都是唯一的一次。所以我们十二校人会带着一种责任和使命在做事情，每一天的教育生活师们真实地、热忱地、充满深情地走过，一路温暖，一路感动。"十三五"，我们规划先行，提升学校内涵，建构体系，寻找载体，寻求遵循教育发展规律、符合学校发展逻辑和充满教育智慧的现实路径，努力让学校生活带给每一个学生健康成长和完整的生命体验。

（二）坚守书香校园，立学为先

以学生核心素养为圆心，以促进教师专业发展为动力点，以建设书香校园为发展点，培养全面发展的人。学校开展的"让读书成为习惯，让书香飘溢校园，让生命光彩照人"的学生读书活动蓬勃热烈，隆重举办的 "最是书香能致远"教师读书节品位高雅，创设的"凝思静品"书吧深受教师喜爱，"润香园"等书香办公室教师们亲自营造……书香校园与经典同行，打好人生底色；与伟人同行，塑造美好心灵；与博览同行，开拓广阔视野。读书正像一场静悄悄的革命，改变的不光是师生的底气，更有灵气和大气，以及由内而外焕发出的蓬勃朝气。

坚信、坚持与坚守同在，"让每个孩子都能健康奔跑，让每个孩子都能放声歌唱，让每个孩子都能放飞梦想"是我们的培养目标，"无限追求，进无止境"的学校精神弥漫和渗透到学校各项工作中，学校育人条件与育人质量达到一个崭新的高度。多年来，学校先后被评为全国德育科研先进学校，全国中小学信息技术创新应用示范学校，全国足球特色学校，吉林省基础教育校本教研先进单位、长春市教育科研先进单位等殊荣，呈现出独特的整体风貌和较为显著的育人效果。作为教育部"国培计划"影子培训校和吉林省农村校长义务培训基地校，23次在市级以上会议及培训中交流和推广经验，包括学校文化建设、教师专业发展、学校办学理念、学校整体改进、学校发展规划、学校特色定位和路径、课程建设等10余个主题，多次承担影子培训任务，多次送培到县，促进学校间的共同成长。

让德育人充满教育情怀

一、漫谈教育情怀

我认为，作为一名德育工作者首先应该具有的就是教育情怀。当我们满怀着对教育的无限真情拥抱我们的德育工作的时候，我们的才学、识见、德行、气质便会日益丰富起来，我们内在的智慧便会向外显露出来，产生非凡的魅力。

为了更好地理解，我们先来解读"情怀"一词：

情怀就是含有某种感情的心境。具体来看：1.情怀是一种心情。如郁达夫《过去》："两旁店家的灯火，照耀得很明亮，反照出了离人的孤独的情怀。"2.情怀是一种情趣和兴致。如清朝袁枚《随园诗话补遗》"刘郎去后情怀减，不肯红粧直到今。"3.情怀是一种胸怀。如峻青《海啸》"为革命事业而献身，就是你毕生的高尚情怀。"

那么什么是教育情怀呢?

我想和大家分享一个故事，欣赏一段文字，体会一个做法：

分享一个故事：

日本女作家黑柳彻子在《窗边的小豆豆》一书中就讲述了这样一个故事：为了让一个长成侏儒的男孩子不为身体的缺陷而自卑，小林校长专门设计了一场运动会，让所有的运动项目都有利于这个短手短脚的孩子，使他"夺得"了所有项目的第一名。

教育情怀就是对每一名学生的关爱。多姿多彩的世界需要个性各异的独立的人。我们德育人要尊重学生个体的差异，平等地对待每一名学生，多个角度欣赏每一名学生，使每一名学生，在包括知识学习在内的各种活动过程中，体验到人的自尊心和自豪感。

欣赏一段文字：

苏霍姆林斯基在告别与他朝夕相处五年的31名学生时，曾深情地说："孩子们啊！五年来，我拉着你们的手一步一步向前走，我把整个的心都献给了你们。诚然，这颗心也有过疲倦的时刻。而每当它精疲力竭时，孩子们啊，我就尽快来到你们身旁。你们的欢声笑语给我的心田注入新的力量，你们的张张笑脸使我的精神重新焕发，你们那渴求知识的目光，激发我的思考。"

教育情怀就是和学生的心灵之约。真正的教育是心心相印的活动。唯独从心里发出来的，才能打到心的深处。我们德育人要触及每名学生的精神世界，在学生的心灵深处种上幸福自信的"庄稼"。也许我们也会有暂时的休憩和沮丧，但我们永远怀着寻找精神家园的冲动，走进学生心灵，用爱与智慧孕育幸福的教育生活。

体会一个做法：

著名特级教师魏书生对有过错的学生的"处罚"是：唱一首歌，做一件好事，写一份说明书……学生可以视自己的错误情况自选一种。魏老师的做法，与其说是对学生的处罚，不如说是对学生的一种别开生面的积极生动的自我教育。学生偶有过失在所难免。魏老师允许学生犯错误，但也严格要求学生忠实于自己，做自己良心的主人。他让犯错的学生自己"惩罚"自己，但又不以惩罚为目的，唱歌、做好事是给学生将功补过的机会，写说明书的过程则是让学生自我反思，自我教育。

教育情怀就是用专业品质寻找适合的教育方法。教师在处理学生的日常事务时，常会碰到一些"辣手"的事情，一个拥有教育情怀的教师，应当拥有不断总结反思的专业品质，根据学生的个性特点，竭力发掘出最合适的教育方法。让你的教育如徐徐吹拂的南风暖遍学生的全身，从而进行有效的德育教育。

所以说，拥有了教育情怀的德育人就有一颗平等的心，让每一名孩子都有位置；有一颗期盼的心，让每一名孩子都进步；有一颗无私的心，默默地为每名孩子付出着……教育者自身也会永远如一泓清泉，滋润自己，浸润孩子，惠及身边的每一个人。

二、德育人应有的教育情怀

1.德育人要有人文情怀

学校德育的根本目标是促进人的全面发展，建设师生共同的精神家园，也就是德育的人文性。德育工作离不开情感，离不开人文情怀。正如肖川教授在《教育的智慧与真情》一书中所言："没有真情，我们将变得冷漠、被动和机械，我们更难以发现和体味到教育世界的多彩与感动；没有真情，生活就是无边的荒漠，'教育'也就只是一种敷衍和应付"。

既然德育工作的核心是人文关怀，那么我们德育人应该怎么做呢？我想应该做到五给：给学生一种心灵的环保，给学生一种文化的自觉，给学生一种内在的闲暇，给学生一种创造的智慧，给学生一种诗意的生活。

当我们真正带着对德育的情感执着和既敬畏又向往的心情践履育人为本的观念时，我们自己也受到感染和教育。在学校文化节上我被师生高唱国歌的场面感动过，在学校广播操比赛后面对学生自然站成的棋盘格动情过，在"养成良好习惯，争做四好少年"启动仪式上，听着全校学生大声吟诵《大学篇》激动过，看着学生在文化宫舞台上精彩的演出骄傲过，也在学校班级文化展评的过程中被学生牵着手而温暖过……

每当这个时候，我们就会自然而言升腾起一种作为德育人的崇高感和自豪感，因为我们在从事一项神圣的工作，每个人的心灵都被拨动。因为我们立德树人，为智慧的生长而教育。

2.德育人要有悦纳情怀

悦纳本来就是生活的本质，悦纳自己，关怀家人，营造温暖（同事），等待花开（学生）。作为德育人，我们更应该有悦纳的情怀，做让老师和学生快乐的德育。唯有如此，我们才不会霸道地给学生灌输道德，才不会以非道德的手段去要求他人道德。在道德方面没有任何人天然地具备优势，我们的道德未必就比学生高，我们自己也是道德的成长者。

我们与孩子一起成长，与孩子一起诵读美文，品味美好，也放飞梦想；与孩子一起奔跑跳跃，体验成长，也愉悦身心；与孩子一起打造和谐的课堂，感受灿烂与神秘，也唤起热爱与憧憬……

德育人拥有了悦纳情怀，在工作中就会凸显主体性，实现学生自管自育；凸显实践性，强化学生道德体验；凸显激励性，触及学生心灵；凸显自主性，为学生提供广阔的发展和选择空间。只有这样的德育才有可能成为美丽的德育、有魅力的德育和有实效的德育。

3.德育人要有宽容情怀

我们的德育工作渴望容忍适应的模糊性、回归民主与宽容，从学生身上寻找解决问题的一切办法，帮助学生、发展学生。我们的德育人要宽容些，对孩子好点，让他们的童年快乐点，长大后多些美好的回忆。如陶行知所言：打破侦探的技术，丢开判官的面具，在思想上开导，在心灵上抚慰，照亮他们需要光明的内心，从而让他们看到希望，得到温馨，促使其源自内心的觉醒，认清自己的过去，这才是真正的动心为上的教育策略。

最后我以朱永新先生在《我心中的理想德育》一段话作为结语："理想的德育，应该重视在自然的活动中养成学生的德性，让学生在游戏和丰富多彩的自主活动中体验和感悟道德的境界。理想的德育，应该重视让学生与书本为友，与大师对话，在人类优秀文化遗产中净化自己的灵魂，升华自己的人格。理想的德育，应该重视培养学生健康的生活情趣和才艺，丰富学生的精神世界，在美的氛围中推进善良的教育。理想的德育，应该重视为学生寻找生活的榜样，用真实、感人的道德形象激励学生，培养学生的英雄主义精神。理想的德育，应该科学合理地设置循序渐进的德育目标，使其兼具现实性和理想性的双维视角，形成层次递进、不断完善的德育目标体系。理想的德育，应该重视心灵的沟通，建立起温馨的对话场景，使心理健康教育和心理咨询活动能在学校的教育中安营扎寨。理想的德育，应该教给学生自警、自诫、自励等自我教育的方法，使学生在陶冶情操、磨砺意志的过程中形成"不教之教"的自律习惯。理想的德育，应该在全社会形成"做人为本"的共识，建立起家庭，学校和社会三位一体的德育合力网络，使各种力量形成时空交叉影响的德育优势力量"。

探索校本化班主任培训，促进班主任专业化发展

我们学校班主任队伍总体状况良好，她们热爱岗位，热爱学生，具备班主任的基本素养和发展潜能。但也存在一些问题，比如说班主任工作任务重，精神压力大，学习的自觉性和主动性不够，又比如说，当前的社会因素、家庭因素给学生教育带来了很多新的问题，这些都是新时期班主任工作的复杂性。面对这种不断变化的挑战，我们的班主任就更急需在知识水平、教育观念、管理能力和管理策略等方面进行全方位的提升和培训。

一、明确培训目标，形成全员共识

"班主任的幸福源于何处？享受职业，赢得尊严，学生爱戴，同行敬佩，家庭幸福，衣食无忧，超越自己。

班主任应该有怎样的素养？有童心，有爱心，有责任心，是专家，是思想家，是心理学家。"

这段文字我非常喜欢，这是李镇西在《做最好的班主任》一书中精辟的阐述，这也是我们学校班主任培训的必修书目。班主任工作虽然很辛苦，但能赢得学生爱戴，同行敬佩，超越自我，是一份有尊严的职业，是一种对幸福的追求。同时班主任又是专业性很强的职业，需要有童心，有爱心，有责任心，需要是专家，是思想家，是心理学家。我们把它作为学校班主任培训工作的方向性目标。

同时，我们也制订了学校班主任培训工作的具体目标：通过培训，使班主任教师了解新形势下教育理论，树立正确的教育观念，具有良好的职业道德，进一步明确工作任务和职责，掌握科学的工作原则和方法，提高组织、指导、协调工作能力，从而达到班主任专业化发展，促进全体学生身心健康成长。

二、细化培训内容，建立完整架构

我校把班主任培训内容细分为班主任工作基本规范、班级管理方法与

创新、班级活动设计与组织、学生心理健康教育指导、未成年人思想道德教育、学校安全工作六个方面。（表3-1）

培训项目	培训内容	培训方式
班主任工作基本规范	职业道德规范——班主任教师必须遵循的主导规范，贯穿全部教师生涯和班主任工作中 工作规范——以职业道德规范为主导，在班主任各项工作中的基本要求	经验交流 现场观摩 叙事研究
班级管理方法与创新	班级管理新方法 课堂管理新方法 思想教育新方法 师生交往新方法	星级评比 例会讲评 辅导讲座
班级活动设计与组织	班级活动评价的方法 个性发展类班级活动设计与组织的注意事项 班级活动的内涵 开展班级活动的前提条件	专题学习 参观讲评 观摩展示
学生心理健康教育指导	心理承受能力问题与树立理想 心灵之间架起桥梁——促进沟通 挫折教育——困难是一笔财富	专家讲座 课例引路 课本剧评比
未成年人思想道德教育	文明礼貌伴我行 责任伴我成长 我与集体同在 做一个诚实守信的人	理论学习 课例引领
学校安全工作	防火、防电安全教育 交通安全讲座及测试 "拒绝毒品，珍爱生命"主题 "火灾现场如何逃生"教育案例	案例分析 观看录像 实践演习

表3-1 学校班主任培训细目表

每个方面都有具体的培训内容，比如说，班主任工作基本规范，包括职业道德规范和工作规范，班级管理方法与创新包括班级日常管理、课堂管理、思想教育方法、师生交往方法等。培训方式我们根据不同的培训内容选择多样的培训方式。像班主任工作规范，我们就先采取了辅导讲座的方式，学校下发了《班主任工作一日细则》，逐条进行了解读。然后用班主任周例会时间进行小结，同时还开展了青年班主任的叙事演讲活动，教师们用初为人师的热情和执着，用纯朴和真情诉说着班主任的自豪和责任，她们的讲述很平实，但来自心灵，令我们全校教师很感动。

三、落实培训措施，提升专业水平

专题培训：是班主任专业化成长的最直接、最灵活、最富有实用价值的主阵地，是班主任学中做、做中学的最佳"学习场"。我们学校为班主任提供丰富多彩的现代学习资源，购买了《做最好的班主任》《给教师的建议》《破解幸福密码》等优秀书籍，收集了《心平气和的一年级》《好习惯带出好班级》等理论学习资料，将这些书籍、资料作为班主任校本培训的基础教材。同时，我们还开展了《班主任师德修养》《和谐班集体建设》等专题讲座，定期下发《班主任漫谈》，增强了班主任培训的针对性和实效性。

课题引领：科研意识是班主任专业角色自我塑造的深化，是促进班主任由经验型向科研型发展的一个平台。为此，我们以德育科研为先导，以课题带队伍，创设了理论应用于实践的"研究场"。像我校参加的国家级课题《整体构建学校、家庭、社会和谐德育》，我们的班主任都积极参与，都有自己的研究项目，也都在课题研究中成长。

榜样示范：在班主任培训中，我们注重抓好试点，以点带面，典型示范，成为推动我校班主任队伍建设的动力源泉，成为班主任培训最直接最现实的蓝本。像我校班主任每周通过书信和家长沟通已经成为一种习惯。最初是我校的毛红娟老师在做，起个好听的名字叫《请跟我来》，我们把她的经验作为榜样，全校推广。刘羽飞老师的《同行》，张海英老师的《书信集》等应运而生。像段辉班级读书文化的建设，张凌云班级学生行为习惯的养成，陈宣玲后进生的转化……我们都及时发现，及时推广经验。榜样的力量是无穷的，在榜样的示范下，我校的班主任教师实现着自身的成长。

案例研究：针对"新一年班主任如何开展工作"问题，我们选择一二年级进行试点跟踪，新老教师互相结队，集中摸索低年级班级管理的金点子，好方法。并针对学生出现的实际问题，研讨相应的管理措施并付诸实施，取得了很好的效果。

制度管理：这是我们学校建立的相关班主任培训的管理制度：班主任周例会制，每周一次的星级班级评比制，学期末的优秀班级考核制，每月一次的班主任业务工作评比制……将培训工作制度化，保证培训工作的有效实施。

四、反思培训效果，实现共同成长

通过班主任培训，不仅规范了班主任工作行为，也提高了班主任的理论素养，逐步形成了良好的共同成长的氛围。我们学校也涌现出德育标兵、党员标兵、师德标兵等优秀班主任，她们都是用爱和责任赢得学生和家长的尊重。学校班主任专业化发展，促进了班集体建设，推动了学校整体教育教学改革。但我们非常清醒地知道，我们的班主任培训工作任重而道远，如何在班主任繁重的工作压力中使培训日常化，如何实现不同年龄阶段班主任的专业成长，如何创新班主任培训方式，如何提升班主任工作的幸福感……这些都是我们下一步班主任培训工作努力解决的问题。

尊重学生：师德建设的重中之重

一、我们的教育呼唤尊重学生

这是一个真实的故事——

一位母亲，千里迢迢从云南来到北京，打电话给《中国青年报》编辑部，说一定要找编辑谈谈她的孩子和孩子的老师。

"我儿子上的学校是省示范小学，他们那一年级8个班。家长们都在传说一（2）班的班主任A老师最好，是优秀班主任，她的班学生平均分最高。我的儿子很幸运进了这个班。但是不久后的一件事使我意识到，自己可能犯了一个严重的错误。"

一年级上半学期的一天，儿子放学回家后问我："妈妈，什么叫'有娘养无娘教'？"我一愣，"你从哪儿听来的这句话？""A老师说的。"我的态度显然使儿子有些迟疑。"A老师说谁？""说我们全班"……

"我不知道该怎样向一个刚刚迈进学校大门的孩子解释这句侮辱性的话。"

……

从教师个人道德上我们呼唤尊重学生。透视案例中那位母亲的控诉，那位"好教师"的所作所为，那句让孩子无法理解的话语，我们做何感想呢？师爱的核心是对学生细微精神需求的一种满足，这种爱只有来源于尊重，才能成为完善人格的真正力量。没有尊重就没有教育，尊重是教育的本质规律。尊重，就是要尊重学生的主体地位，尊重学生的人格，尊重学生的基本权利和责任，尊重学生的个体价值和社会价值，把学生当作有血有肉、有生命尊严、有思想感情的人。让每一名学生的人格都受到应有的尊重，让每一名学生的个性都得到充分发展。

从教师的职业要求上我们呼唤尊重学生。每一个儿童有如刚刚发芽的小草，刚刚含苞的花朵，他们有着强烈的自尊心，而这种自尊心恰恰是儿童成长、发展的内在基质，教师应该精心呵护，而不是肆意践踏。正如俗语所说：伤树不伤根，伤人不伤心。孩子的自尊心是稚嫩的，如果他们做了错事或成绩不佳就在同学面前讽刺挖苦、大声训斥，甚至大打出手，则不仅严重伤害他们的自尊心和上进心，而且会在师生之间筑起一道难以逾越的鸿沟，造成师生对立，有的甚至会酿成伤害事故。因此，每一位教师都要"像对待一朵玫瑰花上颤动欲坠的露珠一样，用温柔细致的教育手段小心翼翼地呵护学生幼小的心灵"（苏霍姆林斯基），尊重学生，应该成为教师最起码的职业道德。

二、尊重学生的现实意义和理论定位

师生平等、尊师爱生，是我国师生关系的重要内容，如果说没有爱就没有教育的话，那么离开了尊重同样也谈不上教育。作为教师，一定要尊重学生的人格，尊重学生的感情，保护学生的自尊心。只有这样，才能激发他们的求知欲，从而燃起他们进步的火花，也只有这样，才能赢得学生由衷的爱和尊重，如果我们的教育离开了这一基础和前提，那么，一切教育就是无效的。

我们面对的学生是有血有肉的，有情有爱的，活生生的人，而不是机器，更不是"被统治阶级"。他们不仅需要教育引导，而且更需要理解和尊重，需要肯定和激励；具体到每个人最需要什么，这就需要老师的观察和了解，需要和学生进行密切的接触和交流。教师尊重学生的过程实质上是将学生当成一个人来培养和培养人成为人的教育活动过程。

三、教师尊重学生的实践途径

1.尊重学生的人格，保护学生的自尊心。

"人格"的本意是面子，几乎所有的访谈都表明，教师如果伤害了学生的自尊心、自信心，那么学生对这个老师的记恨往往是刻骨铭心的。由此，我们可以理解为什么学生在这个问题上的反应是如此强烈。现代心理卫生理论也认为，精神快乐感、安全感、自信心、充实感是每一位心理健康者必备的四大要素。试想，当一个学生在被横加指责与讥辱体罚中丧失了自尊与自信时，他（她）又怎么可能会有良好的发展呢？教师一句鼓励的话，一段只

言片语的评价，一个期盼的眼神都可能化为滋润学生心田的春风细语，深刻影响着学生心灵的发育。

2.承认学生是富有独特个性的存在，允许学生有差异地发展。

世界上无法找到两片完全一样的树叶一样，每一个学生都是一个独特的、富有个性的存在。教师教学的任务和目标不是去磨平学生的差异性和独特性，而是因势利导，促进学生生动活泼、丰富多样地发展。长期以来，"应试教育"在课堂教学上忽视学生的主体性存在，集中表现为三大弊端："第一是重'教'不重'学'的主观性。把着眼点放在培养学生的应试能力上，一切教学活动都从教师的主观愿望、主观要求出发；第二是重'知'不重'思'的浅层性。教学目标让学生把要考的'知识'记住，忽视学生思维能力、创造能力的培养、锻炼；第三是重'灌'不重'趣'的强制性。教学方法依靠'外力'把教学内容'压'给学生，忽视学生学习的内在动力"，因此，尊重学生就是充分承认学生作为具有独特个性的主体存在。在教学过程中，学生不是受动者，而是具有自身内在需求、兴趣、爱好的主动者。教师只有在尊重学生的前提下，才有可能培养、教育、发展学生。

3.坚持教学民主，建立良好的师生关系。

尊重学生并不是放任学生。课堂教学中存在学生捣乱、做小动作等现象，教师应该善于处理好课堂教学过程中出现的各种问题。良好的师生关系是以民主、平等为基础的。教师在教学中还应充分认识教育对象，承认个体间普遍存在的差异性，表扬和批评要公正合理，对于一些不那么讨人喜欢的和存在问题行为的孩子，要尽可能多地倾注心血和关爱，用师爱去感化他们冷漠的心灵。教师必须正确而全面地了解和研究学生，掌握学生的心理动态和基本的学习兴趣、爱好、需要等个性心理特征，使教学、教育过程有的放矢。简单地说，教育就是成长。所谓健康成长就是在人性固有的基础上，使各个方面都得到有机的、和谐的发展，成为一个完整的而不是畸形的、一个充满活力和富有个性的而不是呆板划一的、一个蕴藏巨大潜能和善于学习创造的而不是死抱教条和思想僵化的新人。

4.教师要不断提高自身道德素养，言传身教，完善自我。

教师是人类灵魂工程师，正如第斯多惠在《德国教师指南》分析的那样，他（指教师）希望引导别人走正确的道路，激发别人对真和善的渴求，使别人的素质和能力得到最高的发展；因此他应该首先发展他本身的这些优秀品质……正如没有人能把自己所没有的东西给予别人一样，谁要是自己还没有发展、培养和教育好，他就不能发展、培养和教育别人。他自己受了多大程度的教育和教养，在多大程度上使这种教育和教养成为他自己的财富，他就只能在这样大和这样多的程度上对别人发生培养和教育的影响，而且必然会发生这种影响……教育者的一个规则就是：要把自己在广泛的意义上培养好，那时你就必然能成为一个真正意义上的教育者；当你致力于教育别人时，不论是在教育活动的范围以内或在他的范围以外，同时要努力于自我教育。

尊重学生是一切教学、教育活动的前提和基础，教师只有播下"尊重"的种子，才可能收获教学、教育成功的喜悦。对尊重学生是一种巨大的教育力量，是师德建设的重中之重。作为教师，只有尊重了学生，才会时刻把学生放在平等的位置，学生才会向教师敞开自己的心扉，用全心来接受教师的教育。

和谐育人　弦歌不辍

——学校　家庭　社区的实践探索

长春市汽车经济技术开发区第十二小学是一所发展中的学校，创办于1989年，地处一汽锦程社区的中心地带，有着丰富的教育资源。我们清楚地认识到，开放的学校应有开放的理念，学校不再只是社区中的一座"象牙塔"，也不再只是家庭中的一座"界碑"，学校教育、家庭教育、社区教育形成了现代教育的三大支柱，学校教育为主导，家庭教育为基础，社区教育为依托，学校家庭社区将共同携手，营造没有围墙的学校！

一、建立学校、家庭、社区和谐互动的管理机制

学校一直以来致力于和谐文化的建设，建立和维护学校、家庭、社区的和谐互动是一个幸福而有意义的旅程。学校与家庭、社区的和谐互动，出发点和最终的落脚点都是学生的发展上。"构建家庭、学校、社区一体化德育机制"就是在德育目标的指导下，以学生为德育主体，激发家庭德育力量，整合社区德育资源，形成家庭、学校、社区一体化的育人网络，探索和谐互动的组织建设与制度建设，从而优化学生的校内外环境，促进学生的身心健康发展。

凸现导向机制。在教育教学中，始终坚持把育人放在第一位，积极营造社区、家长关心青少年成长、支持学校德育工作的浓厚氛围，引导家长、社区围绕全面提高学生思想道德素质的共同目标开展德育工作。

落实参与机制。建立了校长负责、各职能部门齐抓共管、全体教职员工共同参与的学生思想道德建设工作机制。建立学校、家庭、社区定期研究制度，积极引导家长、社区走进学校，参与学校教育与管理，成为学校教育的延伸与补充。

签订共建机制。建立家长委员会，签订互动协议书，明确各自的教育行为、自觉履行教育职责。举办"家长学校"，定期召开家长会，共同研究学生成长教育的有关问题。定期向社区和家长通报学校的教育教学工作，促进

学生、家庭、社区的沟通与合作。

完善整合机制。抓德育环境的整合，全面优化学校、家庭、社区德育环境；抓德育目标的整合，做到每学期学校、家庭、社区专题德育活动目标保持一致；抓德育内容的整合，用社会大德育的理念，促进三者良性互动。

二、学校、家庭、社区和谐互动的操作策略

在学校、家庭、社区和谐互动的运行过程中，我们从教育时空的视角努力构建学校、家庭、社区紧密结合的多载体运行的互相沟通的组织范式，架构具有区域特点的课外活动项目、活动模式和活动体系，探究有利于学生的身心健康发展的运行规律和运行机制。

1.开发社区教育资源，发挥社区育人功能

社区教育空间广阔，我们通过与"锦城社区"的共建，共同挖掘社区的教育资源，使学生成长的社区环境更优化。

利用社区丰富的人力资源。多次请社区有专长的人员为学生上课，聘请社区内的司法干警对学生进行普法教育，邀请社区领导做报告，请优秀人物讲事迹……所有这些资源的利用，不但填补了学校自身课程的单一性，丰富了学生的课外生活，还培养了学生的实践能力，学生的思想道德素质得到了提高。

利用社区的环境优势。长春第一汽车集团公司素有"第一汽车""第一伙伴"之称，我们充分利用它的智力资源、人力资源和环境资源，更好地实现学校与家庭、社区的和谐互动。也多方联系，组织学生参观吉林省博物馆、吉林省科技馆、伪皇宫、孔庙、长春市消防支队等地方，从社区到社会，我们看不到学校资源和社会资源之间的界限，我们看到的是资源的整合和盘活的进一步延伸，看到的是一个没有围墙的大校园。

2.提供学校教育资源，加强区域教育联动

学校与社区联动，相互发挥优势，达到了双赢的效果。对于学生来说，参加社区服务，增强爱和责任；对于社区来说，在不同程度上给予学生发展空间和创造空间。

在资源整合共享中，学校也积极开发自身资源，为社区提供服务，为社区提供力所能及的人力、物力和场地支援。如：学校的操场、图书室对社区开放，学校专门提供电脑教室和教师，为社区人员开办电脑学习班等，特

续表

别是学校组织学生"志愿者服务队",到社区为居民服务,捡拾白色垃圾,清除野广告,到健身广场进行"红领巾护绿"活动等,促进了社区的文化建设,使学生在社会实践中得以锻炼,同时也提升了学校在社会上的形象。

3.丰富学校教育活动,拓展学校多元领域

构建没有围墙的学校,促进了新型学校、家庭、社区合作教育方式的转变,优化了学生健康成长的育人方式。"大手小手,融入社区共创美好成长环境","师生家长,放飞童心营造快乐和谐空间",这一切都围绕着一个主题:构建没有围墙的学校,促进学生的发展。

办好家长学校,发挥家长在德育中的作用。请家长收看"知心姐姐"讲座,下发学习材料,告知家长当前学生德育的主题与任务,形成学校与家庭相互信任、相互配合的良性机制。开好家长会,达成家校教育共识。学校和班级以各种方式召开家长会,有策略、有重点地分析班级现状,让家长感受教师对每名学生的关心,也请家长分享教育体会和经验,达成家校教育的共识。提升家访质量,加强家校情感的沟通,组织学校、家庭、社区运动会,开展亲子活动,真正发挥综合性的教育功能。

让学生定期走进社区,为居民小区出黑板报,宣传社区里的新人新风,参与环境美化和绿色环保等文明社区服务活动。开展社区环保调查和小课题研究等,让学生增强责任意识,在实践中发现问题,解决问题。创建德育基地和劳动实践基地,拓宽德育领域,组织学生到这些教育基地开展体验活动。寻找学生闲暇生活的德育功能,开展"假日小队"等活动,扩大了学生视野,在家庭和社区中寻求教育内容,让学生亲身参与实践和积极体验中形成丰富经验,发展学生对社会和自我内在联系的整体认识,形成从自己生活中主动发现问题并独立解决问题的情感和态度,发展实践、知识的综合和创新能力,养成合作、分享、积极进取等良好的个性品质。

三、学校、家庭、社区和谐互动的阶段成果

经过几年的实践探索,我校形成了和谐德育活动课程目标体系。(表3-2)

内容　项目 年级段	校园德育 活动目标	家庭德育 活动目标	社区德育 活动目标
低段（1–2年级）	养成良好的行为习惯，喜欢过集体生活。同学之间要团结友爱，互相帮助，互相谦让	尊敬长辈、恭敬礼貌，初步培养学生的自理能力	参与社会实践活动，初步体验普通劳动者的苦与乐，初步感受为他人服务的快乐
中段（3–4年级）	积极参加集体活动，在集体中学习过民主生活。主动帮助同学解决困难，同情同学的不幸，乐于与人合作	尊敬长者、承担家务，会照料自己的生活	参与社会实践、社区服务，体验劳动实践的艰苦与快乐、体验服务的乐趣，增强社会责任感
高段（5–6年级）	提高道德行为的自觉性，做出正确的道德选择。同学之间应建立真正的友谊，为人正直，待人宽厚，有同情心，乐于助人	理解长辈、沟通情感，主动参与家庭建设，做家庭的小主人	积极主动参与社区服务，利用自己的所学、所长为他人带来快乐。增强社会责任感，为家乡建设出谋划策

表3–2　学校和谐德育递进目标

　　通过学校、家庭、社区的和谐互动，努力使学生具有健全的品德素养，以适应社会发展的需要和创造个体的幸福生活。学校、家庭、社区融合，课内与课外结合，多形式、多渠道的角色体验，为学生提供了解社会、认识社会、适应社会的大舞台，这本身就是自我提高、自我完善的社会化过程。学生积极实践，把做人做事的基本道理逐步内化为健康的心理品格，转化为良好的行为习惯。

德育在家校社良性互动中走向和谐

学校教育、家庭教育、社区教育形成了现代教育的三大支柱。和谐德育就是用专业品质寻求适合的活动方式，建立起家庭、学校和社会三位一体的德育合力网络，利用各种时空交叉形成的德育力量，促进学生的全面发展。多年来，长春汽车经济技术开发区第十二小学一直致力于和谐德育的研究，密切与家长和社区联系，积极搭建和谐互动的育人平台，用和谐的方法培养人，培养和谐发展的人，构成了一张强有力的教育之网。

一、丰富学校活动，凸显和谐育人

和谐育人要融入学生真实有效的成长过程中，通过某种载体传递给学生，使知识和道德的种子慢慢在学生的心里生根、发芽。在这一方面，学校重视让学生在丰富多彩的活动中体验和感悟教育的力量，在美的氛围中推进和谐教育。

和谐育人从班级文化建设开始。在班级的物质文化建设上，我们力求突出物质和人的亲和度，一花一草相映成趣，一壁一景激励梦想，使各个班级变成一部立体、多彩、富有吸引力的教科书，变成一座充满浓郁书香的阅览室，让师生处处受到和谐文化的熏陶；在班级的精神文化建设上我们提出"面向每一个，尊重每一个，发展每一个"的理念，平等地对待每一名学生，多个角度欣赏每一名学生，注重培养班级的凝聚力和集体荣誉感，增强学生主人翁意识，构建良好的人际关系；在班级的制度文化建设上，我们以班级公约、班主任寄语、星级评比台等方式来落实行为准则，尊重学生个体的差异，使每一名学生在包括知识学习在内的各种活动过程中，体验到人的自尊心和自豪感。

和谐育人要触及学生的精神世界，在学生的心灵深处种上幸福自信的种子，而读书就是和学生的心灵之约。让"读书成为习惯，让书香飘溢校园，让生命光彩照人"已不再是空洞的口号，学校二楼开放的读书空间深受学生喜爱，每到课间或午休的时候都是学生自由阅读的时间，学生手捧好书聚精会神地读书姿态是校园最美的姿态。我们倡导每一个家庭建立"家庭图书角"，开展家庭读书乐活动，亲子共读汇报，家长和孩子一起进行的诗朗诵深深地感染着我们每个人。我们开展"换一本书，交一个友"活动激发读书热情；组织"图书超市""图书漂流"等活动，丰富读书的形式；召开故事会、经典诵读比赛等活动搭建展示的平台……这些带给孩子的是终身受益的气质，丰富了学生的精神记忆。

和谐育人要开展丰富多彩的活动。健康、向上、丰富的学生活动对学生的成长具有渗透性、持久性和选择性，对于提高学生的人文素养、拓宽学生的视野具有重要意义。"梦想飞扬，和谐启航"的学校体育节，"享受快乐，享受和谐"学校文化节，"彰显个性，师生和谐"的学校艺术节……都是属于学生自己的节日，也是学生最快乐的时光。我们不断开发和探索新的学生活动，使它成为学校的常态活动，成为学生的烙印课程。

和谐育人还要注重学生的特长发展。吉林冠军，全国十强的阳光伙伴团队是我校学生的骄傲，它所体现的团队的力量和拼搏的风尚成为学生文化的精神象征。我们的足球队名震春城，连续多年在长春市校园足球比赛中拔得头筹……成绩背后带给我们孩子的是自信和骄傲，更是影响学生未来发展的精神力量。

二、培训家长群体，增进和谐的育人力量

家庭教育是和谐德育的关键一环。我们通过建设家长学校，把家庭教育同学校教育紧密结合，拓宽了学校与家庭的联系渠道。

学校高度重视家长培训工作，把办好家长学校纳入学校的整体计划，通过"以学促自明，以思促自得，以省促自立，以行促自成"，不断提高家长素质。学校制定家长培训目标，通过专题培训、榜样示范、案例分析、网络学习等多种形式，引导家长理解教育的新形势，使家长和学生一起获得道德成长。

学校每学期组织一次家长开放活动，家长与孩子一起走进和谐的课堂，感受校园生活的充实和美好。每逢学校的重要仪式、典礼、庆祝活动，我们都会邀请家长参与，让学校的理念与价值在活动中得到强化与升华。我们注重营造共生共荣的家长文化，调动家长共同育人的积极性，达成共识，赋权承责，让双方各展所长。

学校建立家长委员会和家校联系制度，通过"一信"（校长致家长的信）、"两报"（学校"放飞梦想"校报，班主任"与您同行"周报）对家庭教育的内容、方式、方法进行指导。学校努力探索内容充实、形式灵活的家长会，切实提高家长的教育水平和家教质量。学校定期走进社区，倾听家长的声音，了解家长的需求，真诚地为家长服务。同时家长也来到学校担任义工，服务学校、亲近学校，共同承担教育孩子的责任。

学校召开"学校家庭社区和谐互动"主题运动会，学生和家长一起奔跑，一起快乐，和谐的场面令人激动不已；开展"奉献一份爱心、增添一份和谐"为主题的向家庭贫困及残疾家庭奉献爱心的活动，感人的画面令人记忆犹新；举行的家长学生综合专场演出，楼下是学生，楼上是家长，孩子们用精彩的演出回馈家长，欣喜的情景令人激情飞扬；学校组织家长收看知心姐姐的家教讲座，倾听的状态令人倍受鼓舞……通过学校和家长的联系，营造了"大手小手，融入校园共创美好成长环境"，"师生家长，放飞童心营造快乐和谐空间"的良好氛围，形成了学校与家长相互依存、互相推动的关系，真正实现着和谐育人的目标。

三、开发社区资源，优化和谐的育人生态

和谐校园是社区开放的校园。学校努力构建一所"没有围墙的学校"，不是推倒有形之"墙"，而是开放无形之"思维"。

学校与社区的和谐互动要做到有效，必须突破传统的思维，学校从共建模式和管理机制两方面进行了探索。一方面，学校形成了"共建共管、共享共用"的开放式的教育模式。这种教育模式通过建设社区教育文化，以德育为核心，以学生社会实践活动为主体，充分满足学生社会生活实践和体验的需要，构建有利于学校教育、有利学生发展的社区教育环境。另一方面，学校营造了"校区为本、自主互动"的社区教育文化管理机制，学校成立专项领导小组，小组成员由学校校长、锦城社区单位领导、社区干部组成，每学期至少召开两次工作研讨会。学校内部还建立了校长室→政教处→年级组长→班主任→小队长的分级管理网络。有了组织和机制上的保障，在其乐融融的氛围下，教育充满温馨、充满希望。

学校地处长春一汽锦城社区的中心地带，有着丰富的教育资源。这些得天独厚的资源为学校开展形式多样、丰富多彩的实践活动提供了广阔的舞

台，为密切学生与自然、与社会、与生活的联系提供了有效保证。学校组织学生调查汽车厂的历史和现状，参观现代化的一汽生产线，开展装车实践，设计车标和广告语，展望一汽的未来……这些无疑让学生在亲身观察和体验的过程中，增强了与人交往的能力，感受到一汽人的幸福感、快乐感，提高了责任意识。

学校发挥社区育人的作用，学校依托社区聘请了校外法制辅导员加强对学生法律知识和法律观念的教育，组织学生到岱山公园祭扫，邀请社区内有专业特长的人员为学生开发校本课程、指导学生社团活动，其中"大嘴快板"社团活动深受学生喜欢。学校还和社区人员共同走进吉林省孤儿学校，开展"暖暖毛衣送真情"活动，增强学生对他人和社会的爱和责任。学校定期带领孩子走进社区，宣传社区里的新人新风，为学生寻找生活的榜样，用真实、感人的道德形象激励学生；参与环境美化和绿色环保等文明社区服务活动，开展社区环保调查和小课题研究等，让学生增强责任意识，在实践中发现问题，解决问题；创建德育基地和劳动实践基地，拓宽德育领域，组织学生到这些教育基地开展体验活动。

总之，从社区到社会，我们努力打破学校资源和社会资源之间的界限，有机整合和盘活校内外的各种资源，努力创建一所"没有围墙"的大校园。学校坚持"以人为本、和谐发展"的思想，致力于构建学校、家庭、社区和谐互动的育人平台，让管理透出人文关怀，让队伍形成强大合力，让活动说出教育真谛，让发展凸现自身特色。通过学校、家庭、社区的和谐互动，使学生具有健全的品德，适应未来社会发展的需要。通过形式多样、开放多元的实践活动，使学生懂得诚实、自强、责任心和尊重别人，具有初步的自我服务、社会服务能力，具有初步的创新精神和实践能力，同时在情感态度和价值观方面得到充分发展。学生的精神面貌发生了很大的变化，教育教学质量稳步提升。所有这一切证明学校、家庭、社区和谐互动之路是一条学校发展之路，是一条有利学生健康持续发展之路。

以社区生活为资源　让价值实践走得更远

在传统教育中，学校很容易独立于社区之外，好像有一面无形的围墙将它与外部世界隔绝起来。不同的教育理念、不同的互动方式、不同的话语体系，这些都很容易将学校与所在的社区隔离开。而当今的教育是一个开放式的社会大系统，学校教育、家庭教育、社区教育形成了现代教育的三大支柱，学校教育为主导，家庭教育为基础，社区教育为依托，构建"没有围墙的学校"就是要塑造一种能够延伸出去的学校文化，不是推倒有形之"墙"，而是开放无形之"思维"，构建开放的育人生态。

吉林省长春汽车经济技术开发区第十二小学地处长春市锦城社区的中心地带，有着丰富的教育资源。这些得天独厚的资源为培育和践行社会主义核心价值观提供了广阔的舞台，为密切学生与自然、与社会、与生活的联系提供了有效保证。构建"没有围墙的学校"是学生社会化的过程，是作为"社会学习者"和"社会参与者"的人的全面发展的过程。以社区为载体的价值认知和价值实践正是为学生提供"学习"和"参与"的机会，是培育和践行社会主义核心价值观的可行方法与途径。

学校与社区的和谐互动要做到有效，必须突破传统的思维，学校从共建模式和管理机制两方面进行了探索。一方面，学校形成了"共建共管、共享共用"的开放式的教育模式。这种教育模式通过建设社区教育文化，以立德树人为核心，以价值实践活动为主体，充分满足学生社会生活实践和体验的需要，构建有利于学校教育、有利学生发展的社区教育环境。另一方面，学校营造了"校区为本、自主互动"的社区教育文化管理机制，学校成立专项领导小组，小组成员由学校校长、锦城社区单位领导、社区干部组成，每学期至少召开两次工作研讨会，以开放接纳的心态和平等协商的姿态来开展工作，视社区为重要的依靠力量和不可或缺的合作伙伴，提供多样化的教育资源。

一、传承红色基因，增强爱国根基

立德树人，育人为本，把学生置身于民族发展的最好时代，也是实现中华民族伟大复兴的最关键时代，传承红色基因，弘扬传统文化，凝聚民族精神，激发爱国热情，引导学生树立正确的理想、信念、价值观，为国家之富强而努力读书。

弘扬传统文化，培育民族情怀。优秀的传统文化是中华民族的灵魂和民族精神之所在。我们的社会越进步，民族精神就越不能缺失。一方面，学校发挥社区的人力资源，聘请市级非遗项目继承人"关东泥人张"来校为学生上课，栩栩如生的学生作品摆满陶艺室。我们还邀请社区人员给学生开设了剪纸、草编等课程，组织学生参加"非物质文化遗产传统工艺市民体验活动"。学校还与社区共同开展了"诗书礼乐，传承经典"和"琴棋书画，样样精彩"的区域联动活动，潜移默化地对学生进行教育。另一方面，学校利用社区的环境资源，去学军基地、学农基地、学工基地、学雷锋等爱国主义教育基地，在各种教育活动中，传承红色基因，渗透爱国主义教育。学校与省博物馆联系，开展"抗联英烈展"活动，学生成了小小解说员，介绍中国近现代屈辱的历史，讲述在抗争中的爱国事迹，讲述当代中国的发展和建设成就等，让学生把对祖国、对民族的爱深深地融入血液中，落实在行动中。

二、依托一汽沃土，激发敬业精神

我们学校正处于中国汽车工业摇篮——中国第一汽车集团公司这片沃土，它是中国民族汽车工业的象征，历经65年的发展，不仅铸就了"一汽品牌"，更有一脉相承的汽车文化和汽车精神，深刻影响着学生的精神世界。

为了更好地利用这些教育资源，我们组织学生走进一汽，走进爸爸妈妈工作的地方，激发学生的敬业精神。在一汽—大众的总装线参观时，同学们看着现代化的生产线，带着车身的悬挂链慢慢前行，上下自由伸缩，工人们在有序认真地安装着车身上相应的零件，熟练而兢兢业业，敬佩之情油然而生。听工程师介绍装到车上的所有零件都要进行千万次的试验，都要精益求精，学生们更深地理解了勤业和精业。在汽车人身上，学生们看到了热爱，看到了全身心投入，看到了无私奉献和创造性劳动，而这些就是敬业精神，朴素而崇高的美德深深根植于学生心田。在参观期间，同学们还看到了无人驾驶的小运输车，机器人涂胶安玻璃，学生对新技术和新科技也有了感知，对汽车制造有了更深的敬畏，对汽车人有了更深的敬重。

我们不仅让学生现实体验，更教育学生铭记历史。开展"听爷爷奶奶讲那过去的事情"的一汽历史大宣讲活动，组织参观一汽红旗展馆，通过一个个故事，一张张照片，一样样物件，学生们体悟到中国一汽1953年破土动工，毛主席亲自为一汽奠基题词，中国汽车工业从这里起步，"共和国长子"这种不屈和敬业，是一个国家在百废待兴所表现出来的高贵品质。在短短的时间内，一汽人凭借着自己的双手，凭借着团队的汗水和智慧，打造出了辉耀时代的红旗轿车，这是时代奇迹。一代代汽车人，一批批大国工匠，为实现中国梦，不断地进行改进、开拓、奋斗，在传承中突破，在锤炼中新生，为梦想为信念而发力。昔日辉煌的历史和今日拼搏的感召，让学生们感受到敬业是兴邦和强国的前提，体悟到前行的力量，提高了责任意识和敬业精神。

三、优化社区资源，塑造诚信品格

诚信是中华民族的传统美德，是现代文明建设的重要基础，是立德修身之本。在社区构建诚信文化，优化社区资源，形成互动的体系，当学生感受到核心价值内涵与现实景象的一致性，教育变得如此真实具体。

开展"诚信大讲堂"，让榜样成为照耀孩子心灵的阳光。学生以什么样的人物为榜样，就决定了他的价值取向和人生追求以及兴趣品位。诚信大讲堂，以弘扬诚信为主线，开展社会主义核心价值观教育，邀请社区主任宣传中华民族的优良传统，深入浅出地剖析诚信素养，绘声绘色地讲述古今中外名人讲诚信的故事，提高学生的诚信道德水平；邀请学校的法治副校长——锦城派出所警官和一汽检察院检察官进行法治讲座，用生动的案例和亲身经历，让守法成为学生的自觉行动；邀请家长和学生一起观看道德短片，学习全国诚实守信道德模范的优秀事迹，一生只为一清渠的黄大发，边境线上的"活界碑"魏德友……从这些普通人身上看到的诚信底色，促使学生争做诚实守信的传播者和践行者。

随着社会的发展，市场经济赋予了诚信更丰富的时代内涵，充分挖掘现实生活中有关诚信的新人新风，用真实、感人的道德形象激励学生成长。开展"诚信伴我成长"辩论会，在社区寻找诚信事例或不诚信现象，比如，借了东西不按时归还；捡到东西，不主动上交；说出去的话不照办，做过的事情不承认……引导学生分析辩论，这些大大小小的诚信问题，如果不及时加以改正，将会使诚信失范趋势蔓延开去，遭遇诚信危机，还会带来诚信环境的缺失。所以，诚信品德和诚信精神从自我做起，从现在做起，自觉做到知行统一。

四、深化社区实践，培育友善之心

苏霍姆林斯基说过，做一个真正的人，这就是说要为你周围的人贡献出自己心灵的力量，让他们更美好，精神上更富有、更完美；让你生活中接触的每一个人从你那儿，从你的心灵深处得到一点最美好的东西。

教会学生爱人，培育友善之心，是教育很重要的任务。学校重视让学生在丰富多彩的社区活动中体验和感悟教育的力量。每天早晨一汽交警女子助学岗的警花们在学校门前，牵手呵护学生，把学生安全地送进校门，无论酷暑严寒，还是刮风下雨，小小助学岗，浓浓守护情，很多家长也义务加入维护校园安全的队伍中，形成了"大手小手，融入社区共创美好成长环境"，"师生家长，放飞童心营造和谐育人空间"的良好氛围。同时学生开展"我是小交警"的职业体验活动，学生们更能体会到交警阿姨的辛劳和良苦用心，感受到社会给予孩子的关爱和友善。

带领学生参与社会公益活动，学校和社区人员共同走进吉林省孤儿学校，开展"暖暖毛衣送真情"活动，为孤儿学校的孩子们送去温暖，更和他们一起联欢，为孩子们送去快乐，增强学生对他人和社会的爱和责任。开展"奉献一份爱心、增添一份友善"为主题的向社区家庭贫困及残疾家庭奉献爱心的活动，给身边的人以关爱。近几年，学生们与"老兵志愿者"一起开展为大凉山贫困山区捐助学习用品和衣服，和一汽团委一同迎接广西凤山贫困山区的孩子，参观净月潭公园的雪雕展、长影世纪城和伪皇宫，给远方的客人当好小导游。推己及人，存心善行，善待亲人、善待他人、和睦友好，这是一个人最本真的善良和友爱。

第四章　和谐课堂　自主发展

　　和谐教育要源于课堂，融于教学，体现和学生的互动，真正与教学实践结合起来，才能具有改进教学和改善学校文化品质的价值和意义。和谐课堂要融入每人都在进行的、真实的教育实践活动之中，而不是偶尔为之的具有标志性意义的集中活动。我们打造和谐高效的课堂文化，因为这是和谐教育的落脚点。

　　构建和谐课堂，教师要对新课程的课堂进行全新的思考和定位，努力构建平等民主、和谐共处、互动合作、自主探究的课堂文化，赋予课堂以生活意义和生命价值。和谐流淌于课堂之内、渗透于师生之间，是滋养课堂的重要养分，和谐课堂应该具有以下特点：关爱学生身心，关注生命发展，构建生命的课堂；面向全体学生，创设和谐环境，构建生态的课堂；依托课堂情景，联系实际生活，构建生活的课堂；注重体验参与，引导探究学习，构建生本的课堂。

　　深化和谐课堂建设，强化"实"字，确保和谐课堂的有效实施和质量保证。突出"广"字，能够最大限度满足学生的兴趣和需要，体现和谐课堂的多样性、丰富性。体现"新"字，和谐课堂优质化策略有新思路、新举措、新成果。开展"和谐课堂"教学模式初探和教学效果评价，推新课，出新人，呈新貌。建立多层次的和谐课堂教学研究活动，让学术氛围日渐浓厚。

引兴趣之活水

　　课堂哪得清如许，唯有兴趣活水来。兴趣是人们力求接触、认识某种事物，研究某种对象的一种带有积极主动倾向的心理特征。无数事实证明，兴趣是人们进行创造的直接动力，也是进行创造或创造思维的先决条件。如果一个人对某一事物或问题不感兴趣，没有经常寻根问底的好奇心，就不可能对这一事物或问题倾注热情，集中注意力，也不可能调动起自己的创造性思维，进入创造的过程，当然就不能取得创造性成果。现代心理学认为，学习和探索动机中最现实、最活跃的部分是认识的兴趣，这是因为，兴趣不仅能激发人的求知欲，引发好奇心，促使人们获得进行创造所需要的大量的知识，而且大大丰富人们的想象力，增强人们的意志，激发对科学、对事业的献身精神。人只有对学习和创造有着强烈的好奇心和求知欲，才不会把学习和创造当作一个负担，才会全神贯注，废寝忘食，积极思考所感兴趣的问题，并最终取得创造性的成果。

要培养和激发人的认识兴趣，产生强烈的求知欲，笔者拙谈几种培养学生语文学习兴趣的方法。

一、朗读引趣

朗读是语文教学的重要环节，教师应深入钻研教材，体会作者的思想感情，研究作品的优美语言，引导学生读出文章的节奏美、音乐美，使学生在对文章的欣赏陶醉中领悟其中的妙处。

《桂林山水》一课，作者通过写桂林山水的特点，抒发了对祖国大好河山的热爱。根据文章的内容，朗读的基调应该是优美而富有启发性的。优美用来烘托作者对桂林山水热爱的心情。当学生用优美而富有启发性的语调向大家展现其美丽景色的时候，他们定会在心中油然升起一股对家乡的热爱，在这种氛围中，学生会兴味盎然地感受语言文字的魅力。

二、设疑激趣

宋人朱熹说："读书无疑者须教有疑，有疑者却要无疑，到这里乃是长进。"教师在课堂教学中，适时提出一些有趣的问题，激发学生学习的积极性，开拓学生思路，促使学生产生求知欲，把教学过程变成与学生一道探索、一道认识和发展的过程。

我在教学《跳水》一文时，当讲述到人逗猴，猴逗人，小孩追猴子，放开手走上横木，船上的人全都被此场景吓呆了，在这危急的时刻话语戛然而之，让学生自己去阅读课文，弄清事情的结果及解决办法。然后提出："假如不跳水，还有什么办法去救孩子。"处在这个时候的学生，兴趣已经被激发，却未得到完满的结果，他们变会产生一种认知的不和谐感，萌发出更强烈的认识动机，主动去阅读对他们来说颇具诱惑力的课文。这样不仅活跃了课堂气氛，而且发展了学生的思维。

三、情境导趣

教师要创设有利于学生创新意识的培养和创新能力的内化的课堂教学情境，用现代教学理念统摄课堂教学。创设情境，或图画再现，或音乐渲染，或语言描绘，或幻灯出示，或学具演示，并把这些手段精心选择进行优化组合，使其有张有弛，有放有收，有动有静，形成一个和谐的整体。

我听过一位教师讲《瀑布》一课的处理，他在讲"山路忽然一转，啊！望见了瀑布的全身"时，先让学生转过身去，待读到"山路忽然一转"时，再转过身来，与此同时教师倏然间展开一幅色彩鲜艳的瀑布挂图，学生不禁惊讶地叹道"啊！望见了瀑布的全身。"学生如见其景，如临其境，惊喜之情油然而生。通过指导配乐朗读与情感体验，借助课文作者在山路忽然一转看到瀑布时的惊讶之情，与同学们忽然转身看到彩色挂图惊喜心情的恰似点，让学生的情感与课文作者的情感发生共鸣，产生了特殊的效果。不仅使学生把握了"啊"一词在特定语言环境中的特有内涵，而且给学生愉悦的感觉。

四、参与唤趣

在教学中，运用现代教学媒体，实现师生间、学生之间、学生与媒体之间的多向互动的立体教学模式，给学生提供了多样性的刺激，调动学生在课堂上动脑思考，动口表达，动手操作等多种感官参与学习，协同作战，提高了课堂效率，激活了学生的思维。在讲《小蝌蚪找妈妈》时，让学生动手摆图，认识到小蝌蚪长成青蛙的过程。课下让学生动手制作头饰，编台词，来表演。在讲《大海的歌》时，找一名学生当导游，兴趣盎然。在讲《草船借箭》时，让学生演示学具，讲述借箭的经过，学生在做做、议议中理解了课文内容。在讲《詹天佑》时，让学生动手画施工图，并给京张铁路起名字，学生兴奋之情溢于言表。这种游戏式的教学方法，不仅增加了学生学习兴趣，而且加深了对知识的理解。让学生参与整个学习过程，在愉悦中形成知识技能和技巧。

五、美感诱趣

教师要有意识地激发，可以描绘美的画图，体察美的情态，想象美的意境，体味美的情感，领略美的情操，达到激发兴趣的目的。

《可爱的草塘》一文中有这么一句："这么大这么美的草塘，我还是第一次看到，走了进去，就像置身于大海中一样。"我提出了这样一个问题，作者为什么把"草塘"比喻成"大海"，从以下三方面引导学生展开想象。第一，草塘"茫茫地跟蓝天相接"一望无垠，广阔如海，这是从"形"看。第二，草塘不是单一的绿色，"近处的呈鲜绿色，远一点的呈翠绿色，再远的呈墨绿色。"而大海也是这样，海边是蓝色的，越往远处就蓝得越厉害，到了大海深处，简直就蓝得发黑，这是从"色"看。第三，风吹草动发出欢笑声，草浪声声，如同海浪澎湃作响，这是从"声"看，这样的想象，给儿童创造一个非常美好的神奇的艺术境界，激发了学生的兴趣。

树立大语文观，为学生生命奠基

教育是培育生命的事业。当孩子走进校园，开始他生命的体验时，教育给予他们的是快乐还是痛苦，是提升还是压抑，是创造还是束缚，取决于教师的职业素养和职业行为，更取决于教师全新的适应未来的教育理念。"大语文观"就是要把语文教学置于社会生活的大背景中，不仅仅把语文课视为工具课，而是高屋建瓴，以人的发展为语文教学的根本目的。语文教学也只有从面对学生生命的角度出发，才能展现出它的无尽魅力；也正是面对了生命，学生的语文学习才能焕发出无穷的活力。

一、课程目标的构建，体现大语文观

"课程标准"指出，"九年义务教育阶段的语文课程，必须面向全体学生，使学生获得基本的语文素养。"这一课程目标的设定，把语文学科的终极目标落实到人——学生身上。在课程目标的具体设计上，纵向结构（知识和能力、过程和方法、情感态度和价值观三个维度）与横向结构（识字与写字、阅读、写作、口语交际、综合性学习五个方面）相结合。从这里我们可以体会到，语文素养并不是单指掌握语文的知识体系，也不仅是我们常说的"听说读写"几大能力，它包含着深广的内涵，从品德到情感，从思维到能力，从个性到人格……可以说，它是一种综合性素质，关注的是学生的大语文能力，求的是学生未来发展的基石。

我校教师认真研读课程标准，准确把握课程目标，学校制定了《每学段层阶目标分解体系》，组织全体语文教师进行讨论，明确各年段的具体培养目标。之后学校制定了《语文课堂教学操作性指导意见》，提出了明确具体的措施。在此基础上，每位教师根据具体要求制定了学科教学规划。为了让教师在教学中更好地落实目标，我们召开"课例分析"引路会，引导教师从三个维度来制定目标，组织教师观看名师课堂教学录像，分析目标的达成度，开展骨干教师经验谈，交流切身感受。通过这些措施，使课程目标真正内化为教师的教学行为，使基础知识和基本技能得以真正落实。

二、校本课题的研究，折射大语文观

在现代铺天盖地的广告中，有一句广告语是可以成为经典的：人类失去联想，世界将会怎样？在基础教育改革的这样一个大背景下，在教育的主导理念正在发生演变的这样一个时期，我们更应该说：教师不去研究，教育将会怎样？我校有多项国家级、省市课题，我们更加重视教学中实际问题的解决，在全体教师中开展行动研究，每位语文教师结合自身实际情况确定行动研究的内容，找到研究的起点，形成行动策略。在此基础上，学校进行了归类整理，确定了校本课题20余项，其中校本重点研究课题3项，我们的语文教师不断地对自身的行为进行反思，对出现的问题进行探究，对积累的经验进行总结，使其形成规律性的认识。

三、学习方式的改变，突出大语文观

"课程标准"极其重视学生的语文学习过程和学习方法，把"过程和方法"作为课程目标的一个维度，扣住了语文学习的本质特点。同时，它积极倡导自主、合作、探究的学习方式，认为"学生是学习和发展的主体"，所以，我们的语文教学应该用大语文思想做指导，尝试多种学习方式，为学生开辟广阔的语文实践活动的天地，关注其个性差异，激发其学习兴趣，让学生学得轻松、学得愉快、学得有滋有味。

教材中一篇篇文质兼美的课文，都具有广阔的延伸、创造空间，我校教师引导学生针对课文特点，采取不同学习方式，上网、读课外书、询问、讨论，在课前、课后搜集资料。学完《赵州桥》后汇编的《桥的世界》一书，从书中的桥到画中的桥，从中国的桥到世界的桥，从未来的桥到心中的桥，向我们展现了一个多维立体的桥的世界。有的老师根据学生的年龄特点，带领学生走进课本剧场，学生自编剧本，自导自演，在活动中加深对课文的感悟，在情趣中获取新知，这样的学习方式，深深地唤起学生的参与热情，获得积极的情感体验。

课堂只是小天地，天地乃为大课堂，在"大语文观"的指引下，我校教师开展丰富多彩的语文实践活动。如中高年级开展的以动物、人与环境、繁荣的市场为主题的语文实践活动；与德育活动相联系的"爱国爱校"实践活动；利用寒假开展的"我与一汽同成长"的实践活动……在讲述、讨论、交流、品评、操作等活动中促进发展，使学生形成扎实的语文能力。

四、课程资源的开发，弘扬大语文观

课程资源是课改所提出的一个重要概念。没有课程资源的广泛支持，再美好的改革设想也很难变成学校的实际教育成果。

叶圣陶先生说："语文教材无非是例子，凭这个例子要使学生能够举一反三，练成阅读和作文的熟练技能……"。几年来，我校在教好原有教材的基础上，延伸拓展，由一篇带多篇。根据学生的年龄特点，在低年级我们推荐给学生一些民间故事、童话故事。中高年级推荐给学生一些儿童文学、杂文随笔、古今诗词、精选文言文。从《诗经》的"蒹葭苍苍，白露为霜……"到毛泽东的"天高云淡，望断南飞雁……"从欧阳宗的《平分生命》到盖尔不兰克的《信任》，引导学生走进阅读的广阔天地，在书中与历史对话，与高尚交流，与智慧撞击，从而打下沉实、厚重的文学素养，人文素养。

同时，我校在分析学校的各种资源配置的基础上，结合实际情况开发校本教材。形式活泼，新颖有趣的内容，激发起孩子进行语文学习的兴趣。同时，我校教师在备课的过程中，还特别注重课程资源的开发，包括教材说明，文字资料、图片资料，相关课件索引，其他索引等内容。

立足大境界，做好小文章，在这个过程中最受益的是学生。学生学习语文的情趣浓厚。课上学生兴高采烈地讨论，自由地表达；课下，一起参加语文实践活动；到部队夏令营，到农村去体验生活……智慧与创造就表现在学生的手指尖上：从他们自己动手编辑的《萌芽文集》到《芳草地诗集》；从《感悟文集》到《心灵日记》……试想，对一个小学生来说，这是多么了不起的创造！学生的识字量有了明显的增加，学生的阅读能力有了显著提高，具有独立阅读的能力，有较丰富的积累。学生的语文交际能力强，在小记者活动、参观访问、主持各类班级活动中充分表现出沉着、机敏、流畅表达的良好素质。学生能围绕自己感兴趣的话题自行设计和组织活动，学会多渠道的查找资料、运用资料，关注生活，参与社会活动，有一定的认识能力和辨别能力，学生的语文素养得以全面提升。

教师在和谐课堂中成长，教师的教学观念有了很大的转变，课堂在发生着深刻的变化，过去一味由教师传授的教学模式开始"裂变"，课堂教学中

"意外"很多，没有"预约"的精彩也很多，出现了一个个师生互动、生生互动、互教互学的生机勃勃的学习场面。一批中青年教师脱颖而出，教师的教育科研能力明显增强，校本课程的开发能力显著提高，教师的创造性得以充分地发挥。

语文教学是一项浩大的工程，在小学阶段也只是推开了一扇小窗，但从这敞开的小窗，依然能感受到语文的魅力和精彩。为学生的生命奠基，让语文学习焕发生命活力，让语文学习充满成长气息，是我们的责任和使命，让我们积极行动，不断探索，和学生一起幸福成长。

自主、合作、探究热的冷思考

随着课程改革的不断推进，新课程理念在课堂教学中不断得到体现，以培养学生创新精神和实践能力为目标的自主、合作、探究的学习方式被广泛地推广，它给学生提供了一个全新的学习空间，把课堂教学推向了一个全新的境界。但冷静思考一些课堂现象后，我们看到的是热闹、自主背后透露出的放任、随意与浮躁的问题。

反思一：接受学习真的不重要了吗？

前段时间，我校组织了一次全校性的新课程教学大赛，百余节课，很少有教师用讲授法很精彩地分析某一片段。大赛后，我们找到老师进行交流，有一种比较主流的声音，那就是认为没有自主、合作、探究的课堂就不是新课程的课堂。

我想，这是把自主、合作、探究的学习方式绝对化了，把传统的接受学习彻底废弃了。在学习方式转变的过程中，我们不能对传统的学习方式的不足无限放大，我们要改变的是过去强调接受学习，死记硬背、机械训练的现状，但这并不意味着要完全放弃接受学习。接受学习在现在和以后也仍然有存在的意义和价值，其主要作用在于引导学生在尽可能短的时间内获得尽可能多的知识和技能，它并不必然导致学习过程的枯燥与机械，在小学课程中，许多陈述性、事实性的知识运用接受学习的方式更为有效。

反思二：学习方式转变的实质到底是什么？

在实践中，教师们经常会遇到这样的困惑：大班额，怎么进行合作学习？一切知识都需要学生探究得出吗？"自主、合作、探究"是不是一种固定的模式程序？

我认为，教师之所以存在这样的困惑，就是更多地把自主、合作、探究的学习方式理解为外在的东西，把关注的焦点放在了具体方法的外在表现上。学习方式不仅包括相对的学习方法、学习策略、学习手段等方法、技术层面的外在表现，还包括学习态度、学习状态、学习品质等智慧、性格层面的内在品质，我们更强调内在的品质，强调一种态度，一种精神，一种品质。学习方式的转变的实质绝不是用一种方式代替另一种方式，而是强调由单一性转向多样性，更重要的是提升每一种学习方式的内在品质和精神。

反思三：有了自主、合作、探究学习方式，教师的作用就淡化了吗？

在课堂上，我们常常看到这样的现象：学生忙于活动，教师静观其变；面对学生的回答，教师或是听其不语，或是一律都是"好"。

新课程强调教学过程是师生交往、共同发展的过程。在教的方面——提倡启发式、参与式，用引导转化的方法培养学生的独立探求的能力。在学的方面——强调自学、自化、自得的自主思想，在多学、多思、多联系实际的过程中，达到发展能力的目的。所以，教师要担当好促进者、引导者、参与者的角色。也就是说，当学生遇到疑难时，教师要引导他们去想；当学生的思路狭窄时，教师要启发他们拓宽；当学生迷途时，教师要把他们引上正路；当学生无路可走时，教师要引导他们铺路架桥，当学生"山重水复疑无路"时，教师要引导他们铺路架桥。教师的角色不同了，绝不是作用淡化了。

豪华落尽见真淳

新课程改革轰轰烈烈已经六年多了，其规模，其阵势可谓豪华，它给我们的课堂带来了很大的变化，教材变了，学生变了，教师变了，课堂变了……，我们现在的语文课堂究竟变成了什么样呢？是大量拓展让课堂实现"提速""增效"？是探究性学习"强弓硬弩"不达目的不罢休？是声光电多媒体将课堂打扮得美轮美奂？是学生的"翻身作主"、教师的"退居二线"？还是课堂里群情激奋、热烈活跃以致教室内声响"高分贝"？……

在这种繁华热闹的课堂背后我们看到的是什么？

我们看到学生写的能力和意识明显下降。学生说的都很好，一旦落笔，往往差强人意。我们有些老师处于这样的状态——课堂上和风细雨，批卷后暴跳如雷！

我们学生两极分化的现象越来越严重，我们的课堂多了一些民主，少了一些强制，多了自主性，少了被动性，使原本已有的差距拉得更大了。

我们学生学风浮躁，一部分学生的思维处于游离状态。过多的合作学习、过多的自由发言、过多的评价肯定，导致一种学风的浮躁……

这些不得不让我们深思：我觉得新课程改革就像一个硬币的两面，成绩要肯定，问题也要正视，新课程的实施要有其科学的尺度，过犹不及，改革的力度越大，越向纵深发展就越要讲辩证法，所以我认为语文课堂要回归本真，探索语文课堂的有效性就显得十分迫切与必要了。

什么是有效的语文教学？"有效"，《现代汉语词典》解释说"能实现预期目的；有效果。"说明首先要有一个"预期目的"且这个"预期目的"是正确、明确、适切的，否则就会"缘木求鱼"，无从谈起。其次，在"预期目的"正确、明确、适切的前提下，再看单位时间（包括所花精力、物力等）所完成的工作量、所达成的目标度。单位时间里所完成的工作量越大、所达成的目标度越高，就越有效。

那么现在大家公认的课堂教学的有效性有什么特征呢？

1.课堂是关照学生的生活世界的课堂。有效的课堂教学是兼顾知识的传授、情感的交流、智慧的培养和个性塑造的过程。

2.课堂是给予学生先进文化浸染的课堂。有效的课堂教学是全面地关照学生成长与发展的乐园。

3.课堂是培养学生灵性的课堂。有效的课堂教学重视教学过程的探索性，重视教学中的师生的交往与对话。

怎样才能做到有效的语文课堂呢？我从教学目标和教学方法两方面来谈。

一、教学目标的有效性——胸藏万壑凭吞吐

教学目标的有效性是课堂教学有效性的重要前提。语文教学目标只有体现学科的特点，才能保证其有效性。但在听课的过程中我明显地感觉到，我们教师的目标意识不强，一节课下来，我都在云里雾里被弄得模糊不清，更何况学生了。在教学中通常有这样几种表现：1.教学目标不清，上完课连教师自己对一节课的教师任务是什么还不明确。2.教学目标单一，还是以知识传授为中心，忽略过程方法，情感态度价值观。3.教学目标泛化，面面俱到，又如蜻蜓点水，重点不突出，难点不突破。目标的确立决定着教学的方向，树立并强化目标意识对提高课堂教学效率至关重要。我们都知道"南辕北辙"的故事，我想说，尽管你有宝马良车，尽管你有充沛的储备，尽管你有娴熟的驾车技术，但方向不明，目标不清，甚至是南其辕北其辙，"此数者愈善，而离楚愈远。"

我听过《春天的小雨》一课，选其片段从教学目标有效性的角度来分析一下：

片段一：教师教学本课时，在学生感悟雨声的美妙之后，有这样一番话：同学们，雨声是大家司空见惯了的，在我们耳中并未听出有什么不同。然而在作者笔下却奏响了如此悦耳的乐章。看来只要我们也学会作者的细心观察，做生活中的有心人，睁大我们的双眼，倾听周围的一切，用心去体会，就会看到与众不同的美景，听到优美的奏鸣，感受到生活的美好与绚丽，就让我们做生活中的有心人吧！

分析：教师在教学目标的确立上不仅关注学生学习今天的知识、技能，更主要培养其学习习惯、方法，使其学习有可持续性，为学生一辈子负责。

片段二：在朗读训练时，对朗读水平较高的同学读文的要求是要读得正

确，流利，而且要恰当运用感情。而对于一些朗读水平有待提高的学生则要求他们读通句子，能恰当地在句中停顿，暂不要求读得流利，有感情。

分析：教学目标要指向于全体学生的进步和发展，根据学生的实际水平，制定不同层次的教学目标，实事求是的承认学生之间的差异，使学生在原有的基础上都能真正获得进步和发展。

片段三：

师："森""伞"是我们今天新学习的生字。你有哪些发现？

生："森"是品字结构的字。我还知道类似的字有"晶""鑫""森""磊"。

师："花伞"可以用哪个量词来形容？

生：用"把"，一把花伞。

师：读读句子，文中用什么来形容的？

生："朵"。

师：为什么用形容花的量词来形容伞呢？

生：花伞就像盛开的花朵，所以说"打开一朵红色的花伞"，是比喻句。

师：那么就要让我们读出花伞的美丽与可爱。

分析：三维目标从教材实际出发恰当整合，以知识目标"森"和"伞"的教学为主线，以情感目标为动力，和谐渗透，体会作者对春雨和春天的热爱之情。目前，我们教师的教学有三种教学境界，半知识灌输型，知识传授型，智慧开发型，我觉得本老师就属于智慧开发型教师。

通过这几个教学片段的分析，我们看到，教师能够准确把握教材，教学目标定位准确、高远，教学构想是以学生发展为中心，三维目标有机结合，尤其是情感、态度、价值观体现渗透陶冶。很多时候，我们教师在教学过程中，很多方法的困惑都往往源于目标的迷失，所以我们要提高教学目标的有效性。

二、教学方法的有效性——莫忘语文来时路

语文教学的有效性与语文教学方法的有效性密切相关。只有体现语文学科特点的教学方法才是有效的语文教学方法。语文课虽包含很多功能，但我们始终要明确语文课姓"语"名"文"，语文课就要上出语文的味道，这

味道是什么？我的理解是，语文课要表现出"动情诵读、静心默读"的"读味""圈点批注、摘抄书作"的"写味"，"品词品句、咬文嚼字"的"品味"。一堂课下来就应该是：书声琅琅，议论纷纷，情意浓浓，我们要引导学生用最"语文"的方法来学习语文。

（一）"动情诵读、静心默读"的'读味'

语文课应该"读"占鳌头，因为读是培养语感最有效的手段，课堂上教师要和学生一起手捧书本认认真真地读书，读出真情，读出韵味，读出感悟。

我们先来看一个课例：这是我校老师教学《詹天佑》一课的两个片段：

片段一：

课件出示：詹天佑经常勉励工作人员说："我们的工作首先要精密，不能有一点儿马虎。'大概''差不多'之类的说法，不应该出自工程人员之口。"

师：你怎样理解这句话？

生：说明詹天佑是一个对工作认真负责一丝不苟的人。

师：谁来读读这句话，把自己感悟到的充分表达出来？

生：读。

师：同学们，詹天佑只是一次两次对工程人员这样说的吗？（生答不是）我们可以想象，在施工动员会上，詹天佑面对着所有的铁路建设者，慷慨激昂地勉励工程人员——

生：齐读"我们的工作……"。

师：看到有些工程人员偶尔粗心，施工质量不是很高，詹天佑语重心长地勉励工程人员——

生：齐读"我们的工作……"。

师：极个别工程人员因为条件艰苦，消极怠工，詹天佑严厉而又恳切地勉励工程人员。

生：齐读"我们的工作……"。

片段二：

课件出示：遇到困难，他总是想：这是中国人自己修筑的第一条铁路，一定要把它修好。否则不但那些外国人要讥笑我们，而且会使中国工程师失掉信心。

师：如果强调这是中国人修的铁路，怎么读？

生：读……

师：如果强调这是第一条铁路，该怎么读？

生：读……

师：如果强调詹天佑的坚定信念和克服困难的决心，该怎么读？

生：读……

师：如果强调修不好铁路的后果，该怎么读？

生：读……

师：同学们，理解的角度不一样，朗读的侧重点也就不一样，你认为怎样读最能表现詹天佑的爱国情怀，你就怎样读！请大家自由读这一句话。

这两个教学片段，老师引导学生从不同角度，以不同语气诵读关键句，让学生读出詹天佑的爱国情怀，如此这般潜心诵读、换位体验之后，学生不仅对文本内涵及人物品质更加了然于心，也自然积淀起了语感素养。特级教师于永正说过："读好了，什么都在其中。"实际上，语文学科的特点决定了"反复诵读、读中感悟"乃是语文有效性的"尖端武器"。

（二）"圈点批注、摘抄书作"的"写味"

语文是实践性很强的学科，不动笔墨不读书是学生良好的学习习惯，而且受益终生。语文课就要引导学生圈点勾画。有的教师在教学《蝙蝠和雷达》一课时，默读第7自然段，对有感受的句子勾勾画画，在书旁写感受。有的教师在教学《示儿》时，按"分、释、理、连、体"的方法引导学生学习，全体学生都在认真记录，写的味道十足……

（三）"品词品句、咬文嚼字"的"品味"

仔细阅读《语文课程标准》我们发现一个显著的变化：原来在教学大纲中多次出现的"语言文字训练"这样的词已踪影全无，取而代之的是"体验""感悟"等说法。语文课是否继续进行语言文字的训练？

我认为新课标虽然没有提"语言文字训练"这样的词，但绝不是不要"语言训练"，事实上，《语文课程标准》把"母语学习"作为语文学习不变的目的，指出语文学科要"培育学生热爱祖国语言文字和中华优秀文化的思想感情，指导学生正确地理解和运用祖国语言，丰富语言的积累，使他们具有初步的听说读写能力，养成良好的语文学习习惯。"同时，《标准》指明了学习语言文字的正确途径，那就是"理解""积累""运用"等。由此可见，课程标准只是淡化了"语言文字训练"的提法，实际上一点也没有削弱语言文字在语文教学中的作用，所以品词品句、咬文嚼字也正是语文的味道。像教学《小蝌蚪找妈妈》时"追"和"迎"的比较，教学《一个小村庄的故事》时比较句子："山谷中，有一个美丽的小村庄""山谷中，早先有过一个美丽的小村庄"等，教师引导学生用圈注、质疑、演示、比较、拓展等方法进行悉心揣摩和深入领会，实现了语言文字的训练与习得。"语文味"浓厚这才是有效的语文课堂，其实我们都明白，语文教学如果偏离了"语文"这一中心，那就必将陷入"课将不课"的境地，当前，有效的语文教学最需要的就是收起那颗"迷乱的心"，义无反顾地做到"讲究规范、回归本原"！

倡导有效的语文教学，这既不是一时的心血来潮，也不是有意的哗众取宠，是苦苦寻觅后的蓦然回首，是删繁就简后的返璞归真。

倡导有效的语文教学，就是全心全意为学生生命奠基发展的最本真的教学。行走在新课程时代的语文教师们，必须永远铭记崔峦先生"简简单单教语文，本本分分为学生，扎扎实实求发展"的谆谆告诫。

倡导有效的语文教学，它不是把语文教学简单化，而是把语文教学艺术化、精良化、高效化。教师只有拥有了"不简单"底气，才能游刃有余地营造有效的语文课堂，我们的语文教学就会"面朝大海、春暖花开"！

和谐课堂教学模式初探

一、模式的提出

课堂教学是实施素质教育的主阵地，剖析传统课堂教学的症结，主要问题有：1.教学目标唯书、唯知、唯分，忽视开发个体的素质和个性品质的培养。2.在教学资源开发上，重教师讲解、重教材知识的传授，忽视自我发现、教育期望和课堂心理气氛等教学资源的控制。3.课堂教学信息基本上运行于"教师中心"的集中式结构中，忽视了课堂集体多向互动的信息交流的教学潜能。4.教学组织形式不断强化班级教学，忽视小组学习的中介组织功能和学生个体的独立自主学习活动。5.在教学方法上，采用强制学生学习和掌握知识的方法，学生并不理解教师的良好愿望，课堂教学仍徘徊在"重负担、低效率"的困境之中。

二、模式的目标

1.学生在学习化的课堂生活中达到主动地学习、合作地学习、发现地学习的和谐状态和境界。

2.培养学生主动发展、团结协作、勇于发现的个性品质，形成良好的学习习惯和探求思索的自我意识。

3.建立民主、平等、和谐的学习氛围，开发增殖性教学合力，提高课堂教学效率。

三、模式的理论依据

1.现代教学论研究表明，教学活动的本质特征既是学生在教师组织指导下对人类知识经验和成果的一种特殊认识活动，又是学习主体自主学习改造主观世界形成并发展个性的实践活动。这种认识活动和实践活动都离不开人的能动性，离不开人际交流。所以新的教学观就是教师如何以活动、交流、交往为中介调动发挥学生主观能动作用，把学生从教育的客体转化成为学习的主体，构建一个学生个体自主学习，小组集体合作学习，教师引导发现学习的动态组合的教学系统。体现出学生自我发现，相互交流发现，在发现中寻求更深刻发现的学习行为特征。

2.教学过程学习化原则。所谓学习化就是劳动化，劳动就要动脑动手，勤于思考，努力实践。教学过程是学习主体认识不断深化，品格逐步形成的过程，调动学生积极主动参与教学过程，实现教学过程的学习化。教师不应该直接教会学生，而应引导学生在自主学习活动中发现。

3.维果斯基认为儿童的发展有两种水平：其一是现有发展水平，儿童已经能独立完成某种任务。儿童身上蕴藏着无限的潜力，在各个不同的环境中，具有无限潜力的儿童总是根据社会历史发展的需要和水平，以相应的方式显露出自己惊人的天赋才能。其二是最近发展区，它指的是那些正在成熟、尚处在发展中的心理机能与过程，其实质表现为：儿童在自己发展的现阶段还不能独立解答的任务，可以在与其他人的合作中得到解决。因此，最近发展区的一般意义在于强调，儿童的发展来自于合作。

四、模式的操作步骤及策略

1.自主学习，读中初探。

由自主意识、自我教育意识和相应的能力结合而成的自主性素质，是人的主体性在素质层次上的体现。正如苏霍姆林斯基所说，让学生通过自己的努力去理解的东西，才能成为他自己的东西，才是他真正掌握的东西。学习是个体行为，学生只有通过独立的思考，才能使知识得到内化。要改变过去教师提问，学生答问的方式教师教起来得心应手，学生学起来不知所云的模式，把权利还给学生，让每位学生主动参与教学的全过程，有意识地设立自读、自思、自问、自答、自查等环节，让学生自己发现问题，自己提出问题，自己尝试解决问题，充分发表自己的意见，培养学生自主读书的能力，使学生成为学习的主人。本节课学生的自主学习贯穿于教学的全过程。从面上看，是全员，每个学生。从时间来说，是全程，体现在教学的各个阶段。从形式上看说、读、思、议多种形式并存。

2.合作学习，议中感悟。

改变学生的学习方式，加强合作交流是现代教学论的重大命题之一。《中国教育报》一篇题为《为学生之间建立新的合作》的文章给了我很大的启发。合作学习有很多的优势，它能够使课堂教学面向全体学生。我们知道，学生之间的差异是客观存在的，他们在知识结构、能力水平、学习进度、个性特征等方面存在着明显的差异，通过学生之间的互动，可以弥补教师一个人不能面向每个学生进行教学的不足，即某一方面成绩好的学生可以帮助这一方法学习差的同学，真正实现使每个学生都得到发展的目标。

合作学习能够使学生的多方面素质得到发展。古人说"水尝无华，相荡乃成涟漪；石本无火，相击而生灵光"。在小组学习过程中，不但使学生掌握了大量的知识，同时多方交互式的感悟及学生们的思维碰撞，创新的火花可能从中闪现，每个学生受到启发，受到鼓励，从而进一步思考和努力学习。同时语言表达能力、自学能力、分析问题解决问题能力、团结协作的能力等都得到了训练和提高。

合作学习能够促使学生在各个方面得到主动发展。在合作学习的过程中，学生能变被动为主动，课上大部分时间是学生在活动，是学生在主动思考、发表意见，而且课堂上的气氛轻松愉快，不但使学生的认知能力得以充分调动，而且也使学生情感因素得以充分发挥。

教师应根据具体的教学内容、教学目标来确定恰当的合作学习方式。本节课我们在自读找疑的基础上，小组内部质疑，发挥智能互补的作用，缩小质疑范围。学习小组解决不了的共性问题由小组代表写在纸卡上提出来大家共同解决。学生提出的问题杂乱，这个时候，教师引导学生梳理排序，使学生学习有序、有目的。然后再读课文，在书中找到有关的段落，抓住重点的词句进行理解，组内交流学习，小组成员各抒己见，拓宽思路，从而深化认识，提高学生思维质量及教学效果。

3.再读深究，引导发现。

强调充分发挥学生作为学习主体的能动作用，绝非否定教师的主导作用，而是要更好地发挥教师的主导作用。我国第一部教育专著《学记》写得好："道而弗牵则如，强而弗则抑易，开而弗达则思。和易以思，可谓善喻矣。"意思是引导学生而不牵着学生走，师生关系才能融洽；策励学生而不推着学生走，学习起来才会感到容易；启发学生而不代替学生作出结论，学生才能独立思考。师生融洽，学习容易，学生又能独立思考，才算善于引导。教师根据教材的结构特点和学生认知水平，引导学生在掌握知识的过程中探索并有所发现，用自己的头脑来亲自获得知识。

（1）从难点入手，关注解疑，研究突破性措施。

"学起于思，缘于疑""疑"是引发思考、诱发创造的重要条件。当学习有困难时，当学生的学习能力尚待逐步形成时，教师的指导就显得非常重要，要恰到好处"扶"一把。通过自读质疑，引导学生探究欲望。通过梳理问题，引导其排除干扰，指向探究目标。通过尝试解答问题，以引导学生自我分析，自我发现。这样层层设疑，让学生充分感受、理解知识产生和发展的过程，引导学生循序渐进地走过了"自我探究、自我发现、自我感悟"的发现道路，培养他们发现创造的能力。

（2）从内容入手，关注趣味，研究艺术性方法。

所谓"趣"包括三个层次兴趣、乐趣、高尚的情趣。围绕教学目的，采取多种信息传递手段，使学生从各种感官上多方感受，激发学生的学习兴趣；积极地促进学生的发现与发展，使每个学生有成功的乐趣；经过长时间的培养，形成高尚的情趣。善导的核心就是要将教师的主导作用落实到激发学生的学习兴趣，发展学生的学习动力，充分发挥学生作为学习主体的能动作用之上。

（3）从训练入手，关注发展，研究有层次的学习过程。

学生个体的发展过程表明，学习有着"不知到知"或"知之不多到知之较多"的发展轨迹，学生应自己去探究、获取、运用知识，在这个过程中发展智能，陶冶思想情操，形成良好的意志品质和学习习惯。

（4）从思路入手，关注能力，研究有实效性的学法指导。

教师要注意把握"两种思路"，即教材中作者的思路，学习心理所能承受的理解思路，做到"两个结合"，即本篇课文的教学重点与单元训练目标的结合，语言文字训练与学生思维发展的结合。只有这样，这个"点"，才是体现教和学的思路的"亮点"，才是引导学生理解全篇的"突破点"，才是指导学生学习方法的"切入点"。

总之，和谐课堂教学模式的三个操作步骤，互相联系互相制约，发现是核心，是课堂教学的最终目标，自主学习是基础，是内部驱动力，合作学习是产生的外部条件。在课堂时序上纵向排列，相对独立，在课堂教学因素上横向考虑，互有联系。

和谐课堂优质化策略探寻

和谐课堂的关键在于优化，强调局部之和大于相加之和，每一部分都优化。这要求教师充分发挥教师的主导作用与调动学生主体积极性，在教学实践中把课上实、上活、上精、上新，进而使学生和谐发展。

一、教学目标科学化

课堂教学的各项活动都紧紧围绕教学目标进行，有人把精当明确的教学目标称之为课堂教学中的灵魂。教师要提高主导作用的有效性，就要指定准确、明确、全面的教学目标，克服教学中的盲目性和随意性造成的费时低效的现象。我们把课堂教学目标分为三个方面，即知识与技能、过程与方法、情感态度价值观。

这三个方面的目标是一个有机的整体，在教学过程中不是彼此分裂开来，然后迭加起来一个一个地完成的，而是作为统一的整体在教学过程中一体化地完成的。一节课目标的确定，需要树立四种意识：

第一、中心目标意识。我们把单元主要训练项目称之为中心目标，在教学时必须紧扣不放。

第二、重点目标意识。我们把课后的习题称之为重点目标，教学时必须落实。

第三、一般目标。如语文的字、词、句、段、篇的教学，听、说、读、写能力的训练，我们称之为一般目标，在教学时必须顾及。

第四、常规目标意识。我们把学生学习的兴趣、习惯、意志、品质等方面的培养称之为教学的常规目标。这点从提高学生素质的角度来说是非常重要的。

二、教学过程高效化

何谓教学过程高效化呢？就是指所选择的教学过程，可以使师生耗费较少的必要时间和精力而取得优质效果。那么怎样能达到教学过程的高效化呢？教师在遵循教学规律和原则的基础上，有针对性地安排教学过程，自觉地，有科学根据地选择具体条件下课堂教学的最好方案。比方说，上课的前20分钟是孩子们注意力最集中的一段，如果教师没有有效利用，等过了这一阶段，再讲你的精练部分，孩子的最佳注意力已经过了，这就是一种错位。这在时间安排上就不会获得过程的优化。

（一）学会做减法

许多教师只会做加法，如某处想多讲几句，某处想增加一个教学环节。不少老师上课之所以拖拖沓沓，就是加法带来的，其实，做减法有时效率更高。

如一位教师教《海底世界》动物的活动方式多种多样一段，提出了如下七个问题：（1）第一句讲什么？（2）第二句讲什么？……（6）第六句讲什么？（7）第二句与第三、四、五、六句之间有什么关系？以上七个问题，只有第七问是有效提问，其余六问都是无效提问，因为那些提问不能引起学生的思考。可把以上七个问改为以下三问：（1）作者写动物的活动方式多种多样，一共写了哪几种动物？（2）这四种动物的活动方式各有什特点，你能找准关键词语吗？（3）第二句与第三、四、五、六句之间有什么关系？解决这三个问题，所花时间只要原来的一半，而效果却会好得多。

一位老师在教学《圆的周长》后设计了下面三种层次的"精练"题（1）巩固练习题。A.已知$r = 3$ cm，求c；B.已知$d = 5$ cm求c。目的在于巩固所学知识，形成初步技能。（2）深化练习题：一个圆的直径是5cm，求半圆周长。目的在于通过变式练习，深刻理解所学知识的本质属性。（3）综合练习题：公园里有一棵古树，树干的横截面是圆形，你用什么办法可测量出这棵古树的直径呢？目的在于通过练习，扩展学生思维广度，并把新知识及时纳入学生原有的知识系统中去，去不断解决生活中的实际问题，这样练习，既充分利用课后的练习题，充分挖掘了习题的智力因素，又体现了层次性、针对性、启发性和多样性。

（二）学会举一反三

听一听数学课，我们会从中受到启发。数学老师教一类新知识时，一般的过程为：举一个例子→从个例中归纳出某种方法→让学生运用某种方法去做同类型的题目。这样一个过程就是举一反三的过程。数学教师都知道，教学不能停留在教懂个例的水平上，而要从个例中概括出规律，再让学生反复运用，从而形成迁移能力。其他学科举一反三的机制还没有建立，这就要依靠教师创造性的劳动。一位教师教学《景阳冈》一课，他是这样安排第一个教学环节的：第一步，举一。教师示范教课文第一句："武松在路上行了几回，来到阳古县地面。"教师圈出这句话中的"行""地面"两个词，要求学生联系上下文猜一猜这两个词的意思。学生很快猜出"行"就是"走"的意思。地面就是"这个地方"的意思。第二步，归纳。举一之后，教师这样归纳：读书要学会猜读法，有些词初看好像看不懂，但是联系上下文用猜读去默读全文，每个学生至少猜出5个不懂的词，接着，学生花了约8分钟时间独立猜读，然后教师通过反馈，了解学生猜读情况。这一教学环节只花了20分钟，学生却初步学会了一种阅读古典小说常用的本领，花时少而效益高。

（三）学会突破重点

上课切记从头到尾平均用力，花时必然多，重点必然被掩盖，结果必然是低效高耗。

教学要善于从重点处突破。如语文《田忌赛马》抓住文末"转败为胜"一词而教活全课。《海底世界》抓文末的重点句"海底真是个景色奇异，物产丰富的世界"。

三、教学方法优质化

教学方法优质化，是实现教学优化的根本保证。教学方法的设计与选择，要与教材的知识体系一致起来，并要符合学生的心理特点。教学方法的选择要致力于"导"，服务于"学"，才能把和谐课堂落在实处。

（一）着眼于诱导，变"苦学"为"乐学"

和谐课堂，就要让学生感受到一种内在的快乐，教学方法的选择一定要面向全体学生，特别要让后进生也参与到学习的过程中来，让他们也体验到成功的喜悦，长此下去，学生的学习欲望就会被激发出来。如教学《董存瑞舍身炸暗堡》一文，为了让学生理解董存瑞为了革命事业，勇于献身的大无畏精神，一位教师设计了如下问题：（1）炸药包能放在桥上吗？为什么？（2）在危机的时候，董存瑞会怎么想？（3）找出描写董存瑞舍身炸暗堡时的动作、神态、语言的句子。结合导火索哧哧地冒着白烟这一处描写。用"虽然……但是"造句（4）说说这是一位怎样的战士？（1）（2）属于简单的理解性题目，由后进生来回答；（3）（4）题要求较高，既有语言文字的训练因素，又有思想品质的领悟过程，可先由优等生回答，让中差生有所启发后再学着回答，这样，每个学生都在各自的基础上有所提高，学生就会形成一种深层次的快乐。

（二）着力于引导，变"死学"为"活学"

引导就是指教师根据教材的知识特点和学生的认知水平，恰当地把教材划分为层层递进的若干问题层次，引导学生主动去探究、研究、发现结论，总结规律，使学生获取"真知"。

如一位教师在教学《太阳》一课时，当学生初步学习了课文后，不急于让学生分析太阳有什么特点，而是先讲了一段亲身经历的事：小时候从报上得知苏联宇航员登上了月球，于是就立志要长大登上太阳。话刚说完，全班同学哄堂大笑。老师问为什么，学生纷纷举手，结合课文的词句给老师讲了太阳距离地球远，很大、很热的特点。教师给予了肯定，延伸到写作文时要抓住事物的特点。

（三）着重于疏导，变"难学"为"易学"

疏导就是指学生思维受阻或思维偏差时，教师指点迷津，拨开疑云，疏通障碍，使学生疑难顿解，思路顿开。

例如《在仙台》一课内容缺少情节，结构松散，文字不通俗，很难讲。有的教师可将第一段放过去，待后面的内容理解了，再回过头来理解"东京也无非是这样……"的意思。这样一调整，化难为易，学生便于接受。

四、课堂调控最佳化

在课堂教学中，教师常常会遇到一些意料之外的情况。这些情况，教案中没写上，备课时没想到，常令一些教师措手不及，其实，教师本来就应该清楚，在课堂教学中，教师面对的是学生，是活生生的人，教师的备课乃至写教案，往往备其一，而准备齐全。对于课堂教学中出现的意外情况，教师不仅应有充分的思想准备，而且应该具备随机应变的本领，只有这样，才能圆满完成课堂教学任务。甚至收到意想不到的良好效果，这实际就是一种教育机制的表现。

课堂教学中，无论是学生和老师，都可能出现一些错误。尤其是教师在讲话中出现的错误，常会使教师本人感到难堪而采取一些掩饰的措施，这样会适得其反。正确的对策是，将错就错，变害为利。如教师在板书中写错了字，不管是学生指出的还是教师自己发现的，都不必悄悄地擦掉和改正，而应该利用错误，通过正误对比，引起学生的有意注意。其效果将与考试中常见的改错之类的题目有异曲同工之妙。

在课堂提问中，学生的答问往往不大容易一语中的。这种"答非所问"的情况使一些教师感到挠头。他们常常是按照备课时的设计，千方百计，左引右导，甚至"围追堵截"，务必学生"就范"，从而在课堂上一度掐断了学生的主动思考、积极创造的萌芽。我绝非反对正确而巧妙的启发引导，问题是，在一些教师看来，标准答案应该是统一的，学生记下来也就是了，往往忽略了一个更重要的方面：智力的开发和能力的培养。教师要根据实际情况，顺水推舟，实事求是的修改自己的计划，引导和帮助学生独辟蹊径，达到一个理想的程度。

和谐课堂教学效果评价报告

教学效果是教师素质和工作过程质量的综合体现，是教师工作追求的目标和归宿，对教师教学效果的评价是对教师教学成绩的验收和教学工作价值的确认。

过去我们在评价教师教学效果时，往往是以教师的"教"为中心，以教论教，是把教师看作单纯的知识传授者。评价的指标也很简单，通常都是教学目的明确，重点、难点突出，讲授内容科学，教学方法恰当，教学组织严密，教学效果好。这种评价，从教学价值观上看，是单纯知识观；从师生关系上看，是单纯的教师主导论，排斥了学生的主体地位；从教学过程论的角度看，割裂了教与学的统一关系；从评价内容上看，只评"教"，不评"学"。这样的评价落后于课堂教学改革实践，严重阻碍教师从封闭落后的旧教学中解放出来，阻碍课堂教学沿素质教育轨道进行整体改革的进程。因此，在素质教育思想指导下，对和谐课堂教学效果评价进行研究和探索，就具有十分重要的现实意义。

一、评价概况

和谐课堂的教学效果评价力求体现全新的教学观念。首先，在教学目的上，强调了以能力为核心的良好学习素质的培养。其次，在师生关系上，提倡的是一种平等民主，互助合作关系。当然，教学效果评价最根本的特点是以学论教，从课堂上学生认知、思维、情感等方面的发展程度来评价教师教学质量的高低，这是与以往评价指标最大的区别。从学生方面表现出来的课堂教学的效果，不仅体现在学生的学成状态上，也体现在学生整个的学习过程之中，体现在学生的参与、交往、思维状态之中。同时，教学效果评价重视教学过程评价，进行教学效果评价的目的不仅仅是给一堂课下一个简单的结论，更重要的是要发挥评价反馈、改进、提高的功能，要引导、激励教师找出差距，改革课堂教学，切实提高教学质量。（表4-1）

一级指标	二级指标	三级指标
课堂效果评价	参与状态	1.学生自始至终注意力集中 2.课堂气氛热烈，学生兴趣浓厚，求知欲旺盛 3.95%以上的学生都积极、主动地参与各项学习活动
	交往状态	1.师生关系民主平等、和谐融洽 2.学生畅所欲言，每一个问题都得到尊重与回应 3.在小组、班级学习中学生之间体现互助、合作
	思维状态	1.学生思维得到激发，不断地提出问题 2.学生都积极地思考问题、分析问题 3.学生提问、解决问题有一定深度，或具有创造性
	达成状态	1.预定的教学目标已经达成，学生课堂口头答问、书面练习正确率高，打到85%以上 2.不同层次的学生都在原有水平上得到提高 3.此次课堂教学是高效益的，达到了现有条件下的最优化

表4—1　和谐课堂教学效果评价指标

和谐课堂教学效果评价促进教师素质的全面提高，激励、调动教师的工作积极性，加速教师队伍建设，强化教研教改意识。同时促使学校领导学习教育理论，研究评价标准，参加教学实践，从中掌握教学规律，学会科学管理，把教学改革引导上正确的轨道，从而推进素质教育的进程。

二、评价方法步骤、措施、结果

（一）课堂教学效果评价

学校制定了《课堂教学效果评价指标体系》，课前教师据此进行教学设计，上课时据此进行课堂调控，课后据此进行教学评定，进而总结、改进、提高课堂质量。我校对教师的课堂教学效果评价，采取教师自评、教师互评、学生参评、学校领导抽评的多方位评价的形式。

教师自评是由教师本人对照评价的内容和标准，对自己的教学工作进行价值判断的活动。教师自评有利于发扬民主，增进评价内容的客观真实性，有利于更清楚的认识自己的优缺点，以促进和提高工作质量，有利于增进教师的主人翁责任感与主动精神。通过自我内化的效果，提高教学活动的效果和效率。

教师互评是在自我评价的基础上，按评价的内容和标准，由学科组教师之间进行价值判断的活动。这一评价的目的在于加强教师之间相互沟通，相互合作。我们采用面对面集体评议，运用课堂观察等形式，效果比较显著。

学生是教师工作的直接对象，对教师教育工作的感受最深，由学生对教师的教学工作做出判断应有较大的真实性。通过了解学生自身的学习情况来反映教学的结果，而不是学生直接对教师的教学本身进行判断，因而避免了学生对教师教学的不合理判断。

学校领导抽评是班子诊课，每学期2~3次，作为横向分析比较班际课堂教学差异的依据之一，听课时填写《课堂观察卡片》，听课后进行形成性测试，撰写课堂观察报告。

但这几种方法各有各的缺点，教师自评主观性太强，易出现自己评价过高或过低的现象。教师互评易受人际关系和不良心理效应的影响，使评价的事实与结果之间发生程度不同的偏差。学生参评，学生对教学原则、方法、标准很少掌握，较多的从自身学习是否顺利出发看待教师的教育工作，从而可能产生较大误差。所以我们采用综合评价，克服单方面评价的局限性和片面性，使评价的结论趋于准确。（图4-1）

教师课堂教学效果=自评分×30%+互评分×30%+
学生评×10%+领导评×30%

图4-1　教师课堂教学效果评价

（二）教学总体效果评价

教学总体效果主要通过对学生达到教学目标程度的测量和诊断，判断教师教学的总体效果。

1.知识掌握评价。

我校采用提高率评价方法。这是通过计算教师所教学生学习成绩的提高率来评价教师教学效果的一种方法。（图4-2）

计算公式：$H = C/D - A/B$

H为提高率

C为本次考试班级平均分或及格率或优秀率

D为本次考试学年平均分或及格率或优秀率

A为上次考试班级平均分或及格率或优秀率

B为上次考试学年平均分或及格率或优秀率

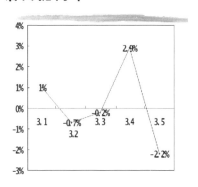

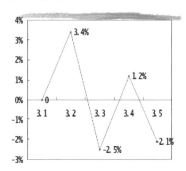

图4-2　提高率评价方法

从图中我们可以看出，语文的提高率，三年四班进步较大，数学的提高率，三年二班进步较大。当然，提高率计算方法也只是对班级整体情况的粗略反映，它受试卷的信度和效度影响，每次试卷越科学，提高率越准确，反映的情况也就越真实。

2.能力与技能评价方法。

我们学习领会新课标的精神，以考查学生灵活掌握和运用知识，考查学生分析问题与解决问题的能力及学生的素质为导向，以减轻学生过重课业负担为前提，全面提高教育教学质量。学校开展评价活动如下：

科目	能力	评价内容	评价活动
语文	听	能听懂程度适合的讲话和别人说的一件事	听老师读题写答案，听一个简单的故事按要求回答问题。全体学生统一听广播，边听边答卷
	说	在双向互动的语言实践中说清自己表达的意思，培养争辩意识	学校组织四场辩论会，规范学生的口头语言，提高口语交际能力
	读	正确、流利、有感情地朗读课文	领导小组分层抽检，评选出朗读小明星5人

续表

科目	能力	评价内容	评价活动
语文	写	用钢笔写字，写得正确、端正、整洁	写字验收，全体参加，评定等级
		激发学生对生活的热爱，调动学生观察思考和练笔的积极性，让学生写出真情实感	开展兴趣笔会，组织学生参观一汽，习作之前组织讲座，习作之后笔会交流
	用	能熟练地运用音序、部首两种查字典的方法	在班级选拔的基础上，学校组织"查字典？最快"综合能力竞赛活动
数学	计算能力	笔算分数、小数加减法。掌握四则混合运算的顺序，比较熟练的计算三步试题	组织计算能力验收，全体参加
	应用能力	开发学生智力，提高学生的数学修养，着眼点放在运用数学思想方法解决实际问题上	各班在评选的基础上，学校评出"智慧之星"19人
	思维能力	提高学生思维的准确性和灵活性	开展"思维热身操"活动。采取举牌形式，综合考察学生的知识掌握情况
	操作能力	运用所学的知识解决简单的操作问题	开展"操作能力大比武"活动，通过测量实物，解决实际问题，评选优胜班级
	创新能力	会解答比较容易的应用题，能选择最佳的解题思路，创造性地解答问题	一题多解，全体参加，评选出"创新小能手"16人

　　学校开展的这些评价活动，我们力求站在素质教育的高度，把导向建立在培养学生的创新能力和实践能力上，促进教师课堂教学朝着"和谐育人，全面发展"的方向前行。我们所进行的评价活动，每项评价都有方案，使教师全面了解评价内容，有效的落实评价目标。每项活动都做到了精心组织，设计学生喜闻乐见的形式。例如，语文"查字典？最快"比赛，采用的是知识竞赛的形式，配有抢答器，图文并茂，声情并茂，学生喜悦之情溢于言表。数学操作能力大比武，成立班级代表队，学生通过测量课桌、幻灯机、五角星、不规则图形，通过分工、合作，求出周长、面积，学生思维活跃，表现出浓厚的兴趣。而且每项活动都有小结，有反馈。我校进行的朗读验收，通过领导小组的抽检，我们发现4点主要问题，如朗读中不恰当的停顿地方较多，朗读声音小等问题，领导小组经过分析，有针对性地提出

4.点改进措施。在数学的"创新小能手"评选活动的改进措施中写到"在解题和计算时，要鼓励学生根据具体情况，选用简便解法或算法，合理、灵活地进行计算，以利于培养思维的敏捷性和灵活性。在课堂教学中，认真进行扎实、合理、灵活和多变的思维训练，就能形成合理灵活的计算方法和解题思路。"

（三）教师教学效果的评价

通过课堂教学效果点上的评价和教学总体效果面上的评价，实行点面结合，定量与定性相结合，按照上述要素给出权重，对教师进行教学效果评价。

三、结论与建议

经过一周期的试点，我们认为学校制定的和谐课堂《教学效果评价方案》可行，评价活动开展的比较顺利。为了更好地完成评价目标，我们将对评价方案进行修改，以期取得更显著的成绩。

1.在课堂教学效果评价时采用"2+2"模式。这是一种在美国被广泛接受、认同的评价模式，"2+2"指的是"两条优点"和"两条建议"。每个参加听课的教师只需写出授课教师的两条优点和两条建议，评价就算结束。其重点在于优点和建议上（而非缺点），只限于写这样4条，使评课人容易抓住重点而不会将评课流于形式。

2.关于量化问题。这是我们进行评价时最棘手的问题，定量完全符合现代科学的特点，而今现代技术的发展，为我们进行定量研究提供有利的物质基础和技术手段。我们评价尽可能考虑教师的可接受性，简化观察量表，不搞复杂的统计，使整个评价工作简单易行，便于实施。

3.评价强调形式的多样化及评价的经常化，而不局限于程序化的总结性定量评价。座谈会、谈话、课堂观察……所有这些已被证明有效的评价方式，都是可以采用的方法。

4.我校进行的教学效果评价，统一使用一个评价细则。但在评价中，限制了各自学科的特点。语文是一门基础学科，是学习各门学科必须掌握的基础工具，语文的特点，决定了语文教学必须有自己的个性。数学教学目的就是传授数学基础知识和基本技能，培养分析问题和解决问题的能力等，把发展智力培养能力放到特别重要的位置上来，强调与数学知识结构化相适应的教学方法。所以，根据不同学科建立不同的评价标准就非常重要。

四、收获与体会

1.教师主体性的发挥，是开展评价工作的前提。

教学效果评价首先要关注教师的个性存在，它不是以某种外在的所谓客观尺度去衡量，而是努力识别评价对被评者本人来说意味着什么，这种评价才是有针对性的，才是高效率的。准确有效的评价应建立在教师积极主动的参与和介入这个基础上，通过主体的内化，激励被评者的内在动因，使评价的过程变为教师自我提高的过程。

2.制定科学性的评价操作体系，是组织评价工作的关键。

对评价各个环节和阶段上的评价体系进行分析、鉴定和反馈，可以创造评价的高质量。如果发现对评价工作有创建性的因素，及时强化，让其逐步扩展，在实现评价目标过程中发挥更大的作用，如果发现有脱节和抵制的现象，及时查找原因，重新修订，保证评价的顺利进行。

3.评价的连续性，是提高评价效果的基础。

在教学效果评价时必须注意现代教育评价连续性的特点，最初的评价可以是诊断性的，为调整教学提供经验和信息，之后的评价则用来评价课堂教学的改进状况如何，以便进行新的改进和矫正。这样的连续评价的过程，对于一个被评者来说，就是一个不断指导，不断改进教学的过程。

4.强化评价过程管理，是做好评价工作的根本保证。

教学管理是一项系统工程，教学效果评价是工程的一个有机组成部分。教学效果评价只有和其他管理制度配套实施，才能充分发挥教学管理的整体功能。同时，教师效果评价应与日常管理工作有机结合，将教师教学评价的科学机制和有效方法引进日常教师管理工作中，平时不断积累教师评价的有关信息，并及时加以分析，这样，不但可以保证教学效果评价的经常化，也能促进日常教师管理工作的科学化。

和风东来气象新

——增值性评价的操作程序和策略

一、夯实四个阶段——增值性评价的操作程序

（一）围绕一个点——增值目标的确立

增值评价，顾名思义，是以自身进步作为评价标准，是一种基于自身基础的发展性评价。每个学年之初，我们结合学生的实际情况，下达明确的质量目标，每一名教师都要认真履行目标，每学期的教学质量总结会我们都会总结目标完成情况。增值目标带领师生实现自身的突破，促进学生全面和谐发展。

（二）抓好一条线——增值曲线的计算

我们每一次期中、期末考试之后，都对比前一次考试的成绩，计算出提高率，并绘制出增值曲线。这是一个年级语文期中考试提高率的增值曲线，从中我们可以清晰地看出班际之间提高的情况。这是一个班级几次考试提高率的成长曲线，我们可以看到这个班级一个阶段的努力程度，进步情况，成长幅度，从而有效地进行分析和指导。

（三）落实一个面——增值质量的分析

我们主要从三个方面进行分析：一是教师自身对教学质量的分析；二是学生在教师的帮助下对学习质量的分析；三是学校领导对各科教学质量进行分析。我们坚持做到期中、期末考试后的综合分析，坚持做到学科单项验收后的专项分析，坚持做到综合学科——全科评价的分析，坚持做到团队整体的分析，由点到面，各科成绩得到了全面提高。

（四）形成一个体——增值效能的奖励

制定教师认同的奖励机制，是抓好教学质量的重要因素。我们制定教学绩效奖励方案，包括七个方面，形成比较完整的体系。

二、写好"四字"文章——增值性评价的操作策略

（一）呈现一个"和"字——增值在团队

一所学校的成长，教学质量的提升，离不开知识和技能因素，更离不开团队精神的铸造。优秀的团队精神才是学校真正的核心竞争力。我们学校一直致力于和谐团队的建设，形成了具有学校特色的"同伴互助，团队共进"的校本研修模式，今年5月份成果被选送参加国家级课题评选。团队的力量使学校教学质量不断提升，每年一次的学校最高荣誉的评选——和谐团队奖得主，无论是去年的六年组，还是今年的外语组，都是为学校创造荣誉的团队，也都是完美诠释和谐的团队，我们十二校人每年教师节都用最隆重的方式表彰她们。

（二）突出一个"研"字——增值要研究

教学质量的提升过程实际上是把学校的教学实践转变成一种研究的过程。我们立足于学校的实际情况，客观地分析影响我们学校教学质量的因素，有针对性地评价。比如，年轻教师对整个小学阶段的知识体系缺乏系统性，我们就和老师们一个专题一个专题研究，整理出学科知识细目表；有的老师不会上复习课，我们就通过集体备课、一课多轮、同课异构等方式深入研究，形成自己的复习课模式……就这样，在研究的状态下，教师实现着专业成长。

（三）实现一个"迁"字——增值贵迁移

每所学校都有自己的优势学科，也都有自己的薄弱学科，要实现增值性评价，就要实现迁移。学校的数学学科研究氛围浓厚，在团队研修中积累了一些经验；体育学科是学校的品牌学科，足球特色日渐成熟；品生品社是省级学科基地校，骨干引领的梯队建设经验值得推广……这些好的方法和做法，向其他学科迁移，实现全学科发展，实现每个学科价值的增值。

（四）完善一个"精"字——增值重管理

我们以"措施求实、方法求新、标准求高、执行求严、环节求细、效果求优"为管理模式：多维度的备课方式多了一份准备，少了一份徒劳；有效课堂多了一份智慧，少了一份随意；多样化作业多了一份设计，少了一份盲目；分层辅导多了一份耐心，少了一份急躁；全程质量监控多了一份实效，少了一份浮华，真抓实干，精致管理，从而大大提高了工作效率与运行状态。

以小见大　渐入新境

——教育信息化2.0视域下的课例研究
设计与思考

全面领会和落实教育部《关于实施全国中小学教师信息技术应用能力提升工程2.0的意见》，我们学校则是从大处着眼，在小处落地，试图破解如何应用信息技术，提升课例研究的品质？下面我从三个方面来谈：

一、小技术，大应用，扎实做好学情分析

我们学校在2.0微能力点选择上，采取的是"分类分层+因需定制"的方式，根据老师们的选择的能力点，提供相对应的技术工具。而A1技术支持的学情分析则是全校教师必选的能力点，这是课例研究的起点，也是课堂教学的起点。以往我们的学情分析更多凭经验少实证，重前测轻过程，现在我们利用云笔记、问卷星、百一测评和图表秀等技术工具，实现用技术多实证，重全程精分析。同时我们培训先行，种子引路，应用实践，使学情分析常态化，教师也从1.0关注个人能力走向2.0关注学以致用。

二、小问题，大平台，寻求系统解决方案

来自课堂的真问题、好问题是课例研究的关键。教育信息化2.0平台能够支持优质资源的共建共享、深度互动的混合式研修、数据驱动的精准教研，更能通过实证数据，引导教师自我诊断和相互问诊，确立值得研究的问题。我们坚持"问题导向，重点突破，任务驱动"的策略途径，组建"骨干引领、学科联动、团队互助、整体提升"的研修共同体。我们以前进行过几次混合式主题研修，有关于学科教学内容，有校本课程纲要的修订，也有立德树人策略的研究。在此基础上我们借助2.0这个平台可以进行更多元化设计，融合多因素的学业质量分析，还有可追溯可伴随发展记录，在"问题—研究—实践—改进"的行动研究循环中，提升课例研究的品质。

三、小课堂，大数据，走向专业的听评课

作为吉林省第一家以教师为主体的课堂观察团队，我们学校有着良好的研究基础。信息技术2.0会让我们破解很多传统观察中的难以解决的问题，比如，原来的纸笔统计到现在的电子检索平台，从统一时间集中评课到随时随地精细评价，从几张量表的意见反馈到可视化的数据采集、分析和呈现，既有个体又有整体，既有行为又有效果，实现课堂数据建模与布局。教育信息2.0，大数据+科学诊断，帮助我们建立数据思维，转变教与学的方式，解决实际问题，发挥数据在精准教研中的价值。我们也从基于实践的教学，到基于实证的改进，再到基于实效的应用，全面促进信息技术与教育教学融合创新发展。

最后我要说，以小见大，渐入信息化的新境，新空间、新技术、新形态、新路径、新场景、新方式……未来已来，让我们充满了想象；信息已至，需要我们行动，坚信我们每个人都是变革的力量！

第五章 和谐特色 全面发展

当代教育已经进入以数量发展向以质量提高转变的新的历史时期，学校发展也已经进入由标准化、规范化建设向多元化、特色化提升的新阶段。让每所学校焕发光彩，使每所学校充满个性化发展的活力，是基础教育改革与发展的必然选择。陶西平认为：特色办学就是让学校找到令自己卓越的领域，从优势项目到项目特色，从项目特色到学校特色，再从学校特色到特色学校，这是一个长期的教育创新过程。

"让每个孩子都能健康奔跑 让每个孩子都能放声歌唱 让每个孩子都能放飞梦想"是长春汽车经济技术开发区第十二小学的培养目标。"快乐足球，全面发展"是学校的和谐特色，多年来的传承和发展，坚守与创新，逐渐形成了文化引领发展、课程彰显优势、足球形成品牌、科研提升品质的学校特色发展路径。2015年学校被教育部命名为全国首批足球特色学校，代表长春市在石家庄全国十城市校园足球会议上进行交流，扩大了学校的知名度和美誉度。2016年9月20日在长春市基础教育质量提升工程汽开区现场会上做团队汇报，和谐特色更加鲜明。学校代表吉林省迎接全国青少年"校园足球"工作专项调研，承办"AC米兰进校园"等大型活动，赢得广泛赞誉。独具特色的足球文化，"无限追求，进无止境"的足球精神，让每一个长春汽车经济技术开发区第十二小学的孩子都畅享着成长的幸福。

阳光体育让校园焕发生命的活力

随着"全国亿万青少年学生阳光体育运动"的启动，学生们走出了教室，走进了操场，呼吸清新的空气，沐浴和煦的阳光，在活动中领略体育的魅力，体会运动的快乐，学校也因此呈现出一个生机勃勃、充满激情、健康向上的学校文化。

一、阳光体育运动的认识和定位

阳光体育运动是新时期国家加强青少年体育、增强青少年体质的重要载体，是一项关系到民族生命力的战略举措。我们学校对于阳光体育运动的理解有一个共识，那就是阳光体育运动，既在体育之中，让学生们拥抱自然、拥抱阳光，活跃于操场、球场，释放自我，融于团队；阳光体育运动，又在体育之外，更多的是崇尚一种健康的生活理念和方式，有体育的生活才有阳光，有了阳光才有真正的生活。所以，我们学校对阳光体育运动的定位为以热爱生命、关爱未来的态度对待阳光体育运动，让阳光体育运动成为学生人生的美好经历，让身体健康成为学生生活的忠实伴侣。我们在学校正厅最醒目的位置写下的学校培养目标：让每个孩子都能健康奔跑，让每个孩子都能放声歌唱，让每个孩子都能放飞梦想。

二、阳光体育运动的具体做法

我校实施的阳光体育运动分为三个阶段、两个层面，是一个逐步完善过程。三个阶段，是指从开展丰富多彩的"大课间"活动，到多层次多样化的体育团队，最后形成各方联动，形成体育特色。两个层面，是指阳光体育运动不仅是发动全体学生参与其中，还包括家长的积极参加。

丰富多彩的"大课间"活动。学校推行每天上午、下午各30分钟大课间活动。上午大课间我们以做操为主，丰富多彩的间操形式和美妙悦耳的音乐深受学生喜欢。我校自主开发的校园韵律操激情四射，本学期我们又增加了校园集体舞，一个个矫捷的身姿迈出青春的步履，一张张可爱的笑脸绽开在美丽的校园。下午大课间我们以活动为主，伴随着孩子们的呐喊声，奥运五环迎面接力正在进行；三四五年级的长跑比赛掀起了学校长跑热潮；在校园小操场上，毽子上下纷飞，大小绳空中舞动，每一次成功，都能引起掌声一片；拍皮球、羽毛球等大课间活动也吸引着众多的学生……这些活动，共同唱响长春汽车经济技术开发区第十二小学"阳光、健康、和谐"的旋律，校园生机盎然，充满阳光，充满活力！

多层次多样化的体育团队。蔡元培先生曾经说过，"完全人格，首为体育"。体育不仅强健体魄，而且是爱国主义教育的极好载体，是集体主义教育的极好舞台，是弘扬拼搏精神的极好形式。除了常规的活动，团队合作的素质拓展也是我校阳光体育运动的重要内容。我校的男女足球队常年训练，风雨无阻，2007年再次证明长春市冠军队的实力，囊括了2007年长春市小学足球赛事的全部冠军。我校的时代列车训练队成绩优异，在长春市中小学生体育运动启动大会做了精彩表演。我校的篮球队成立时间较短，但在教育局小学篮球比赛中跻身三甲。我校的中华少年冠军31脚团队也取得了不俗的成绩。最能体现学校精神的是学校阳光伙伴团队，他们顽强拼搏永不言败，一场场地对决，一次次的磨炼，在分秒之间展现我长春汽车经济技术开发区第十二小学学生自信、果敢、坚强的精神风貌，用团队的力量和进取的精神勇夺吉林赛区冠军，跻身全国十强。

各方联动，形成体育特色。为了使我校的阳光体育运动深入开展，学校与家庭社区联动，共创良好体育环境。我校召开"学校家庭社区和谐互动主题运动会"，从家长和孩子积极参与的身影中，我们感受到了运动之乐、健康之美。我校"阳光伙伴壮志飞扬"主题升旗仪式，当孩子们拿着吉林省冠军的大旗绕场奔跑时，家长们激动地为孩子们鼓掌。学校与家庭联动不仅增强了孩子和家长的感情，也营造出浓郁的校园体育活动氛围。

学校各部门联动，共育和谐空间。我校并不是把阳光体育运动当作单一的体育组活动来开展，而是当作学校整体的工作来规划。学校教导处抓好课堂教学主渠道，请长春市教研员来校指导。学校德育处抓好宣传展示，各班的"快乐体育园地"特色鲜明。在教育局艺术节舞蹈比赛中，原创舞蹈《阳光小将》，充分展现了我校阳光体育运动的多姿多彩。

三、体育运动的阶段成果

体育是跃动的音符，是舞动的旋律，是运动的艺术。学校阳光体育运动，我们深刻感受到了学生不仅仅更喜欢体育运动，参与体育活动的热情和积极性更高，体育习惯得到提高，身体素质得到加强，学生的精神面貌也有了很大变化，开始享受阳光体育运动带给他们无限的精神乐趣。教师们教育理念发生变化，开始重新认识体育，重新认识教育的本质。一年来，学校更有朝气和活力，学校更为和谐。2007年7月2日《长春晚报》刊登了《"足球小子"成长乐园——近访汽车产业开发区第十二小学》《长春教育》今年第9期宣传了学校的阳光体育运动，11月13日《长春日报》刊登了我校中华冠军31脚活动……学校阳光体育运动不断强化，学校体育特色正在逐渐形成。

　　沐浴体育阳光，绽放阳光笑脸，走向阳光未来。让我们积极行动起来，满怀激情地投入到阳光体育运动中去，牢固树立"每天锻炼一小时，健康工作五十年，幸福生活一辈子"的运动理念，充分释放我们的热情与朝气，去感受体育的永恒和魅力，抓住生命的健康和活力！

春雨中的ZIWEI让心花绽放

——有感于广播操比赛

终于下了第一场春雨，她在催生春天，也绽放了我心中的花朵。说到心花怒放这种状态是作为管理者的我所期待和盼望的。在那个雨天广播操比赛，看着全校师生精神抖擞地在如丝细雨中接受考验，看到孩子们纹丝不动，任凭雨水顺着小脸流淌，尤其是一二年级的小兔子们那么听话，我听到了花开的声音。看到老师们服装整齐斗志昂扬地在雨中自觉地站成美丽的风景，我感受到了心花的绽放，是那么美丽，那么灿烂。

看到这个拼音的题目，您一定在拼读是什么词语？

想到ZIWEI这个词，是源于我在那个雨天听到的一个小故事：三年一班的王浩彤同学在广播操比赛的时候非常卖力气，他在胳膊上举的同时头仰向天空，雨水滴到了他的小嘴里，他说，他尝到了春雨的滋味。是的，凉风里一张张脸上的一滴滴雨珠，诉说着同学们对胜利的满怀期盼；雨雾中一个个身影的一次次舞动，演绎着同学们对成功的执着追求。于是，我想拿ZIWEI谈谈感受。

有滋有味，辛苦中的品味。生活也好，工作也罢，什么滋味由自己的心态和境界而决定。广播操比赛尽管在雨中，我们也能拥有蔚蓝和灿烂。让我们一起再品味一下。

从接到比赛通知的那一天起，我们的全体师生，便纷纷投入到了紧张的训练中来，没有犹疑，没有抱怨，没有退缩，有的，只是做好每一个动作的不懈努力，只是湿透了衣衫的滚烫汗滴，只是充溢操场的共同信念，其中辛苦的滋味只有我们自己最清楚！半个月的训练时间，无论是在烈日下，还是沙尘天气，我们全体长春汽车经济技术开发区第十二小学人拧成一股绳，心往一处想，劲往一处用，表现出高昂的士气。从一个动作一个动作的学习和规范，出场和退场的一次次的完善，我们的老师毫无怨言，也表现出群体的智慧。

品味辛苦中我们会记住很多人，我们会记住我们的领导班子，大家都来到操场和老师学生一起奋战；我们会记住体育组老师一次次的组织，一次次的画线，每个人都尽其所能；我们会记住我们的班主任老师，认认真真指导，风雨中的站立，用局检查组的评价说，长春汽车经济技术开发区第十二小学的老师就是一道风景；我们会记住很多科任教师的积极配合，和一二年级的学生一起摸爬滚打；我们会记住我们的代班老师，学校的成绩也有你们的一份功劳。

有资有位，收获中的感悟。资是资本，赖以生存的本领。有了资本，才会有自己的特点，属于自己一份才华，形成自己的品牌，美其名曰"价值"。有了资本，就有自己的一席之地，别人取代不了的位置。

作为学校，我们就要在自己的优势上取胜！广播操比赛最能体现师生的精神面貌，最能体现学校的文化追求。与其说比的是广播操，不如说比的是学校的向心力、凝聚力和战斗力，与其说比的是学生，不如说比的是全体教师的能力和智慧。我们全校师生的激情演绎感动着全体评委，更感动着我们自己。全局第一名的成绩，就是我们的实力，是全体师生的努力让我们底气十足，也让我们的学校在一次次的竞争中强化自己的位置。广播操比赛我们取得的不仅仅是欢呼与荣誉，更重要的是一种习惯，一种信念，一种追求，一种执着！是坚持不懈全民健身的习惯，是集体荣誉高于一切的信念，是不甘人后奋勇争先的追求，是风雨无阻锁定成功的执着！让每个孩子都能健康奔跑，让每个孩子都能放声歌唱，让每个孩子都能放飞梦想！这是我们不懈地追求。

作为班级，也要用行动证明自己在学校的位置。我们学校的广播操比赛如期进行。绿茵场上同学们穿着洁白的校服，如同海鸥在浪花上飞舞。同学们那凝重的表情，那轻灵的动作，每一次举手都是那样一丝不苟，每一次投足都是那样专注而又投入！葛梦竹同学那微含笑意的嘴角，高梓宁同学那光彩照人的眼眸，于克成同学略带紧张却又坚定有力的口令，陈方靓同学挥洒自如宛若白鸟翔空的身姿……每一个身影都是一道风景，每一次舞动都是一首华章！尽管当天天气很冷，但各班都是纪律部队，很好地展现了自己的特点和水平，最后评出优秀团队、最佳班级和优胜班级。这也是我们作为班主任的资本，对学生的组织和管理，平时的要求和训练都成为一种检验的尺度。

作为教师，要展现自己的才华，证明自己在学校中的价值。李明达就让我们看到了他的成长，也在大型活动中证明了自己。他作为一名上班不足三年的教师，在工作中任劳任怨，勇挑大梁。广播操比赛为他提供了舞台，每一次的纠正动作，每一次的组织排练，每一次的呐喊都让他实现了自己由淡定小生向成熟教师的转型，也应该赢得全体教师的尊重。

有姿有未，发展中的期许。姿是姿态，这里我指的是魅力和气质。学校有了自己独特的气质才会有更美好的未来。

我是一个心中装满美好的人，总希望学校的发展能有些色彩，如花般绽放。美好的广播操比赛让我心花绽放，也让我在心中再次装满各色花的种子：我们学校被确定为足球特色学校，希望能借势更好地发展；学校的校本课程的开发和建设，希望能早日显现优势；学校育人为本，德育为先，希望能有自己独特的理解和做法……这些种子扎根在我心中，也希望移植到全体老师心中，期待他们早日开花结果，也希望我们的校园春色满园！

认识的人　了解的事

——体育文化节总结

我一直在等待开总结会，由最初的激动等到了现在的安静，我校体育文化节启动仪式的美妙和精彩已深深地印在我的记忆中，永远不会淡忘。越是觉得珍贵，越是寻求一种表达方式。最后选定这个题目是借用了我很喜欢的中央电视台著名记者和主持人柴静的一次演讲题目。这次演讲是为庆祝祖国六十年华诞"为祖国骄傲为女性喝彩"演讲大赛，她以此题获得了特等奖。这么大的主题她用五分钟的时间选择了四个人的四件小事，以小见大，娓娓道来，那份自然和淡定，真诚和朴实感动着每个人。最后她说了这样一段话："一个国家是由一个个具体的人构成的，它由这些人创造并且决定的。只有一个国家能够拥有寻求真理的人，能够独立思考的人，能够记录真实的人，能够不计利害为这片土地付出的人，能够捍卫自己权利的人，能够知道世界并不完美但仍然不言乏力，不言放弃的人。只有一个国家拥有这样的头脑和灵魂，我们才能说，我们为祖国骄傲，也只有一个国家能尊重这样的头脑和灵魂，我们才能说，我们有信心让明天更好！"

说得多好呀，大到一个国家是这样，小到一所学校也是这样！实际上回想体育文化节的整个筹备过程，记忆深刻的真的就是一个个人，一件件事，它撑起了我们十二校的骄傲和喝彩！

这次体育文化节我们始终体现创新和融合的思想，想想每个环节都是那样的与众不同和追求完美。看着各学年的总结，欣赏一组组照片，又会记住很多人，记起很多事。我首先会想到活动的主创人员，一个个鲜活的形象就会出现在我的脑海中，有我们班子成员，有音体美老师，有各方队负责人，有学年组长，有班主任，有很多老师……体育文化节是我们全体十二校人智慧的结晶，是大家共同的作品。整个活动从筹备到总结我们一共开了五个会，我记得在最初的头脑风暴般的讨论会上，大家从题目的确定到文化方阵的形成各抒己见，可以说是智慧的碰撞。第二天的筹备会，我和老师们讲体育文化节的主题、特点和整体设想以及我们的亮点时，老师们又生成了一些好的点子。之后的全校教师会、文化节前的具体布置会都能听到老师的声音，我很享受这样的过程。比如，说我们要有情境表演，要展示广播操，我们文化方阵要有个好听的名字等！这些建议也最终成为我们的亮点。记得文化节的前一天，我们情境表演的环节还在改动。那是在彩排后我们觉得这个环节有些单调，下班后，子晴、谢勇、李昕都不约而同地来到我办公室说出自己的改进办法。第二天马上实施，王育蓉是个头脑有画面的人，很快我们的会徽图案出来了，很有气势，效果很好！所以说，我们的体育文化节的成功很重要来自创新的设计，而创新的设计很重要来自老师们的群策群力！

　　设计的环节完成了，接下来是实施。再美好的想法只有付诸行动才能变成现实。很多事情，对老师们来说，是绞尽脑汁，百般折磨，辛苦操练。比如说咱们改变原来检阅式站队方式，要站出主题，站出图案。对董小利来说是多少个不眠之夜，不管是承受还是挑战；对李昕、小沙、明达、谢勇来说是多少次的操场作画，不管刮风还是下雨。我们要让文化方阵成为亮点，我们各学年的组长和老师们要付出多少呀！就像羽飞在总结中谈到的，"我们接到任务后想到的并不是困难，而是想怎样把这件事情做好！"于是我们的老师开始像导演一样制定周详的方案，像设计师一样设计漂亮的服装，像舞蹈家一样编排优美的舞蹈，像军人一样训练整齐的队伍……我发现，老师们真的是个宝藏，无所不能！孩子们身着漂亮的衣服整齐通过主席台的时候，赢得了领导们由衷的掌声，这是给学生的，更是给老师的。我们还要记住这些画面和负责训练的老师，李昕负责的大方从容的国旗方队，谢勇负责的最有分量的主题方队，洪子晴负责的稳健大气的鼓号方队，李明达、曲爱红负责的虎虎生威的旗海方队，方蕾负责的如花绽放的花束方队，她们的步伐整齐，口号嘹亮，气势如虹！四年组是本次体育文化节最辛苦的团队，开幕式上从始至终都在表演，那份辛苦我们看在眼里，疼在心上，但真的不愧是和谐团队，老师们齐心协力，烈日、酷热、沙尘、细雨，争分夺秒训练，呈现给学校的是高雅生动的形体展示。运动会最激动人心的场景还要数广播操表演，虽然已经无数次的欣赏，但带给我们仍然是心灵的震撼，久久不能平静！

　　我们本次活动最精美的作品当属我们的文化产品，是那么的赏心悦目！我们在全校学生和家长中征集会徽，经过美术组的认真评选，四年一班王一然和陈冠儒同学及家长的作品获得特等奖。当李明达挥舞着会旗在运动场中奔跑的时候，我们看到的是长春汽车经济技术开发区第十二小学人的自信。我们的会歌《我们快乐我们阳光》是谢勇认真挑选的，并和庞哲共同完成了制谱工作。我们的标牌是由徐明灿、张淼老师和董小利共同设计的，文字说明是徐明灿、刘秋娜老师完成的，请柬是董小利、刘秋娜的设计，这些内容的背后又是怎样的煞费苦心！多么才华横溢的老师！多么可亲可敬的老师！

我们的体育文化节取得了良好的社会效应和广泛的赞誉，完美时刻带给我们激动和骄傲，光荣和梦想，是无法用语言来表达的！我们十二校的每一个人都在认真做好每一件事！所有这些都化作我无尽的感动和感谢，永远珍藏于心。最后，我要说，感谢老师们对学校的这份情感，感谢老师们对我工作的支持和帮助，只有一所学校能够拥有智慧转化为行动的人，能够真心实意工作的人，能够为了学校美好明天共同努力的人，我们才能不断地为学校骄傲，为自己喝彩！

缘在足球，益在学生

一、缘在足球，激发校长的责任和使命

说到和足球的缘分就要追溯到2007年的1月份，我来到长春汽车经济技术开发区第十二小学当校长。在这之前我只能说是个足球的爱好者，也会偶尔去球场看球，只是看个热闹。但来到长春汽车经济技术开发区第十二小学——这样一所足球传统学校之后，我才真正接触到足球，感受到了足球的氛围，尤其是每天早晨看到孩子们在教练员的带领下风雨不误的训练时，我真的很受感动。我也有幸参加了几次足球会议，很受震撼，不仅感受到了国家对青少年足球空前的重视，更感受到了一种责任和使命，尽管我们现在的中国足球不尽人意，但还有一批热爱足球的人们在基层努力地工作者，我们的足球前辈，我们的足球官员，我们的教练员们，他们在尽自己的所能改变着。作为基层学校的校长，既然能和足球有缘，我们怎能不支持，不尽力呢？可能我们不能像大连的东北路小学那样培养出一批球星，但是我们可以让我们身边的孩子有所收获，哪怕激发他们对足球一点点的兴趣也是为未来积淀了一种力量。

二、益在学生，为学生的终身发展服务

作为吉林省足球示范校、长春市足球重点校，我们学校的足球队多年来屡获长春市足球比赛冠军，我们也为专业队输送了多名队员，像现在长春亚泰足球俱乐部U12、U15、U17都有我们的队员，但这并不是我们的全部目标，我们就是想让每个十二校的学生都成为足球教育的受益者。所以，我们把学校的培养目标定位为："让每一个学生都能健康奔跑，让每一个学生都能放声歌唱，让每一个学生都能放飞梦想。"这一目标赫然地挂在学校最醒目的地方，时时提醒学校为此而努力。此外，学校的背景墙也是以足球为背景，凸显了学校的足球特色。

为了形成全员共识，我们制定了我校校园足球发展的三年规划，明确了

任务和方向。每学期的校务会都要重点来谈足球工作，定期召开足球工作推进会，相关足球人员的专项会议，以此保证足球工作的顺利实施。同时我校的校园足球工作也得到了教育局的大力支持，2008年为我校建设一块五人制足球人工草坪场地（这也是全区22所中小学唯一的一块），改善了校园足球的硬件条件，也营造出浓郁的校园足球氛围。在2014年学校新的塑胶田径场投入使用，内有人工草坪足球场，可提供2块5人制足球场。由于东北冬季即冷又长不适合足球运动，每年冬天，没有特殊原因，我们都会组织学生去广西北海进行冬训，保证校园足球的连续性和保持学生良好的状态。这些都传达出教育行政部门和学校对足球工作的重视。

　　足球进课堂，积极开发足球校本课程是我校全员足球、快乐足球的落脚点。通过不断打造足球课程，从而形成一种先进的、独特的、富有时代特征和相对稳定的课程文化，在更高层次上指导了学校的足球实践。在常规教学中，学科教师每学期都制定具体的教学计划和进度，设计教学内容并写出翔实的教案。体育课上，学生能系统的了解足球知识，室内课了解足球的发展史和我国足球发展的现状，观看足球大师们精彩的比赛片段。室外课与足球培养感情，学习足球基本动作，在课程中充分感受着足球的乐趣！2010年10月校园足球精英教练进校园活动中，前国脚张恩华来到我校并对我校教练与学生进行示范性讲解与指导。

　　常态下的足球活动丰富多彩，自编的校园足球操深受学生喜欢，大课间活动中学生尽情展示。在体育节活动期间，我们开展了足球技能和体育趣味比赛，吸引了众多学生融入其中。每年举行的校足球联赛让孩子们在场上挥汗如雨，让学生在活动中获得成长，在比赛中体验成功的快乐……

　　在此基础上，我们全校联动，以足球为特色，辐射各项工作。我们学校的文化节，足球小将一定走在队伍的最前面，标牌的设计融入了足球发展的理念。我们的艺术节，原创舞蹈《绿茵小将》展现的是我们足球队员拼搏、奋斗的精神，在全省中小学艺术展演中获得一等奖。我们的鼓号表演，群众队伍是100名手持足球的孩子们，成为场上最靓丽的风景。我们的运动会、我们的情境表演……，足球已经成为学校时尚的名片。

　　足球已融入学生校园生活中，学校的办学特色逐渐形成，呈现出一片生机勃勃、昂然向上的发展态势。同时也得到了各级领导、家长和社会的认可，长春市各大主流媒体对学校的足球工作都给予报道，形成了广泛的社会影响和良好的社会声望。更为重要的是，在校园足球的引领下，学校各项体育工作蒸蒸日上，阳光伙伴吉林冠军，全国十强。学校的篮球队获得教育局冠军，学校的田径队在各级比赛中获得殊荣，教育局的广播操比赛我们学校获得第一名，体现了独特的精神气质。学生在足球的浸染下成长，我们的老师也在付出的过程中收获，师生在每一次经历中发现更强大的自己。

快乐足球　全面发展

——学校特色定位和实施策略

一、学校基本情况和现有优势

我们长春汽车经济技术开发区第十二小学创办于1989年，是一所全日制小学，是一所发展中的学校。学校现有两个优势：

第一个优势是和谐教育凝聚力量

学校和谐教育深耕十年，积淀了"和谐教育奠基幸福人生"的办学理念，以"依法治校、科研兴校、特色强校"为立校之本，以"求真 思进 向善 达美"为核心价值观，把和谐文化建设作为学校工作的主旋律，把"快乐足球 全面发展"作为学校的办学特色，把"创建学习型校园，引领教师专业成长"作为兴校强师之道，有效促进了教育资源的优化，激发了和谐共进的团队精神，形成了坚实的办学合力，提升了整体办学水平，为学校的可持续发展打下良好的基础。

第二个优势是学校足球特色彰显

作为吉林省首批足球示范校，长春市足球重点校，长春汽车经济技术开发区第十二小学足球可以说名震春城，长春市各大主流媒体都对我们学校足球进行过报道，据不完全统计，学校共获得长春市校园足球男女冠军22次，培养出宋岩庄等一批效力于专业队的队员，向大众女足输送3人，亚泰输送5人，学校6年1班李浩然顺利通过广州恒大足球学校的三轮测试。校园足球除了体育运动技能的训练外，更强调的是足球精神的获取，那种积极向上、机智果断、顽强拼搏、团结合作、密切配合、互相友爱的精神正是每一个成长中的孩子需要的品质。

二、学校整体建构和特色定位

2014年12月，长春汽车经济技术开发区与中国教育科学研究院正式签署教育综合改革发展项目，为学校的发展高端引领，助力导航。

"快乐足球 全面发展"学校特色定位是一种系统而持续的努力，以目标的引领为前提，以特色的建设为基础，以策略的优化为促进，以问题的解决为根本，以专家和行政的合作与支持为保障。这种高端的引领体现在宏观和微观两个方面：

从学校发展的宏观视野来看，我们进一步明晰了学校的理念体系，同时我们借用追求的"求"和足球的"球"谐音，凝练了"无限追求，进无止境"的学校精神。学校把原有的足球特色从学校文化的高度进行统整，注入精神内涵，形成学校独特的品质。

从学校特色的微观视野来看，是在学校特色运作之中介入新的元素，以此为学校提供更多可行途径，前瞻性地带动系统层面的改变。

在学校足球特色建设和实施策略上，与我们的办学理念、培养目标和足球精神一脉相承。

策略一：发展校园足球文化，包括足球标志、走廊文化、橱窗文化、展板文化和宣传画册等，营造浓厚的足球氛围。

策略二：开展足球活动，包括每天开展足球操，每月开展足球赛，每年组织足球节，力争参加更高级别比赛等，让每一名学生都参与到足球运动中来，激发全体学生爱足球、爱运动的兴趣和爱好。

策略三：开发校本教材和课程，进行全学科全学段融合。足球进课堂，提高学生参与足球活动兴趣。形成训练制度，提升校园足球训练专业水平。

策略四：根植足球整合教学，也就是"足球+"，用足球内在的文化底蕴引领全体师生意志品质、精神世界的提升，服务于师生的终身可持续发展，从而推动学校整体办学水平和办学质量的提高。

策略五：提供有力保障，创建管理团队，建立师资队伍和加大硬件投入。学校成立特色项目团队，组建人员，制订特色规划和年度计划。在师资的配置上，引进有足球专长的体育教师。购置足球器材，为足球特色提供全方位有力保障。

三、特色学校建设和实施策略

特色学校形成要经历三个阶段：第一阶段"特质"孕育阶段；第二阶段"特点"过渡阶段；第三阶段"特色"成熟阶段。而我们学校正处在第三个阶段，学校足球特点扩展到全校范围并得到巩固和完善，形成学校特色。

1.特色学校创建的重要途径——文化引领发展。

办学校就是"文化自觉"到"文化实现"的过程，特色学校创建更要始终坚持教育内在的品格，用精神引领教师，用文化再造学校。在专家的指导下，我们对学校和谐文化又进一步总结和提升，多次在"国培"和"省培"项目中做专题介绍，多次接待省、市校长影子培训，学校和谐文化在省市产生一定的影响。2015年5月24日我校代表教育局参加了中国教科院在宁波举办的"学校育人模式的整体建构"研讨会，并进行主题论坛，题目是《学校和谐文化建设的行动与反思》，扩大了学校的知名度和美誉度。今年4月份，我们还参加了中国教科院在南京举办的"第十届全国校长发展学校供给侧改革与教育品质提升"培训，这是一次名副其实的高端论坛，更是一次品味良久的精神盛宴。

2.特色学校创建的核心内容——课程彰显优势。

学校努力丰富课程体系，为学生开设了六大类50余门课程，尝试走班选课，而"快乐足球"校本课程更是落实健康素养的有效载体，是我校"阳光体育、全员足球"的落脚点。我们积极制定年度足球课程计划，悉心研究适合小学生不同年龄段的课程内容，在更高层次上指导学校足球实践。室内课程让学生了解足球的发展史和我国足球发展的现状，观看足球大师们的精彩比赛片段。室外课程学习足球基本动作，培养对足球热爱的情感，在课程中充分感受足球的乐趣，我们要让每个长春汽车经济技术开发区第十二小学的学生都成为足球教育的受益者。学校家长开放日，学校足球课程的展示，受到家长和来宾的好评。

3.特色学校创建的个性特征——足球形成品牌。

学校足球特色日渐明朗，学校的角角落落都能感受到浓郁的足球文化，足球元素无处不在。每年学校的足球赛事如火如荼，学年联赛吸引了众多小粉丝。"足球+"再写新篇章，足球与各学科深度融合，音乐、美术、语文、数学、英语都进行了大胆尝试，信息学科的3D足球在全国青少年电子信息创新大赛吉林分赛区比赛中获一等奖两名，二等奖两名，三等奖两名。足球活动丰富多彩，自编的校园足球操深受学生喜欢，足球趣味比赛更是吸引众多学生参与其中。2015年学校被教育部命名为全国足球特色学校，并代表长春市在石家庄全国十城市校园足球会议上进行交流，沙天宝老师参加了2015年校园足球教练员赴法留学项目。

4.特色学校创建的促进因素——科研提升品质。

科研先行是创办特色学校的基础和首要步骤，每次专家下校指导我们都能感受到科研的思维和方法，这样研究的状态也影响着我们，学校申报了吉林省教育学会十三五教育科研规划课题《以"校园足球"为载体推动学校特色发展的研究》，促进学校特色的科学发展。

更为重要的是学校凝练的"无限追求，进无止境"的学校精神弥漫和渗透到学校各项工作中。

"无限追求，进无止境"是一种力量，是基于学校历史、现实和未来的积淀，蓬勃而有生命力！借着国家义务教育均衡验收的契机，在教育局领导的鼓励和支持下，学校领导班子齐心协力和勇于担当，全体长春汽车经济技术开发区第十二小学教职员工的凝心聚力和美美与共，学校践行渐美，完美蜕变，育人条件与育人质量达到一个崭新的高度。在这个过程中多少人倾情付出，多少次加班加点，多少个不眠之夜，正是这种精神力量的激励和感召。《心美一切皆美，情深万象皆深》在教育局义务教育均衡发展总结会上我们进行了大会交流，学校被评为特殊贡献单位。2015年12月22日我校还顺利通过长春市新优质学校的验收。

"无限追求，进无止境"是一种生长，教师们实现着自身基础上的专业成长。涌现出吉林省首批专家型校长培养对象，吉林长白名师培养，长春市"我身边的好教师"等一批优秀的骨干教师。青年教师也脱颖而出，在各级教学竞赛中屡获殊荣。还有那些默默地为学生发展尽心竭力的中老年教师，他们都是学校最宝贵的财富。

"无限追求，进无止境"更是一种生命追求，学校教育应该是"栽培生命"的过程，最终指向学生的健康成长和完整的生命体验。"我们是冠军"的呐喊自然而强大，孩子们在教育局火炬接力赛中获得冠军，在教育局田径运动会上摘金夺银，在各项活动中拔得头筹，它所体现的团队力量和拼搏风尚成为长春汽车经济技术开发区第十二小学学生的精神象征，也是学生生命中最灿烂也是最初的辉煌。

最后我要说，"积力之所举，则无不胜也；众智之所为，则无不成也。"让我们共同努力，为了每一名学生的健康成长！

"快乐足球 全面发展"学校特色发展团队叙事（一）

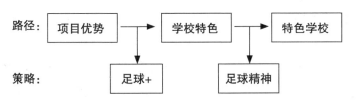

（播放视频）学校全景渐进。一群学生背着书包，拿着足球，迎着朝阳进入学校，在操场上快乐奔跑。正厅环视，突出正厅足球元素，定格在"让每个孩子都能健康奔跑，让每个孩子都能放声歌唱，让每个孩子都能放飞梦想"——足球活动瞬间、训练、足球荣誉、阳光伙伴夺得冠军视频、专家沟通、班子会议、家长调查等，推出主题《快乐足球 全面发展》。

（带球表演）：学生带球表演（伴随欢乐的背景音乐表演，结束后荣若曦留下讲述）

学生：尊敬的各位领导、老师，大家好！我叫荣若曦，是长春汽车经济技术开发区第十二小学的一名学生。这就是我们美丽的校园，一所充满快乐与希冀，洋溢激情与梦想的学校。一走进学校，就能感受到无处不在的足球氛围和"无限追求进无止境"的学校精神。

每天清晨，迎着朝阳我们走进校园，整个操场随着足球热闹起来；课堂上，我们书声琅琅，专注凝神；下课了，我们的足球活动丰富多彩。快乐足球，全面发展！我们在校园中健康的奔跑，我们在校园中放声的歌唱，我们在校园中也放飞着我们的梦想！

王校长：大家好！我叫王安巍，是长春汽车经济技术开发区第十二小学的校长。正如若曦同学所介绍的，我们学校是一所特色很鲜明的学校，我们有一支载誉春城的足球队，十多年来共获得长春市校园足球男女冠军22次。我们更有令人骄傲的"阳光伙伴"团队，吉林冠军，全国十强，它所体现的团队力量和拼搏精神正是我们长春汽车经济技术开发区第十二小学师生的精神象征。正是基于这样的基础，我们确立了"快乐足球 全面发展"的学校特色，我们也经历了由项目优势到学校特色，再到特色学校的发展轨迹。我们一直在思考：足球精神是什么？足球内涵是什么？足球给我们学生、教师和学校带来什么？下面就先请我们的体育老师沙天宝来说说。

沙老师：大家好，我叫沙天宝。作为足球人，我最大的幸福就是和孩子们在一起摸爬滚打，一起征战赛场，看着孩子们一天天进步、一年年成长，我的心里感到特别满足。请大家看屏幕上的这组照片，这是我校培养出来的队员宋岩庄，他曾入选国家青年队。这是他退役时泪洒球场时的情景！这是我校六年一班李浩然同学新入选恒大足校时的喜悦拥抱！这一退一进正是我校一代代、一批批足球队员的传承。这些照片是去年我很荣幸地被选派到法国培训的场景！这一切都是足球和孩子们带给我的快乐和美好！

王校长：是啊，年轻的沙老师和学校的足球特色共同成长！但是，我们仅仅有一支优秀的足球队就是学校的特色吗？如何实现足球的优势项目到学校特色的转变，我们首先选择的路径就是全面进入"足球+"时代。下面就让我们的学校领导、老师、家长和学生们说一说。

李主任：大家好！我叫李鑫，负责学校体育特色工作，同时也是学校特色建设过程的亲历者。刚才沙老师讲了自己的快乐时光，我也讲讲我的感受。从建校开始我就在长春汽车经济技术开发区第十二小学工作，从几个孩子踢球，到几十个人的队伍，再到今天足球教育惠及全校每个孩子，这变化可真大！原来孩子们踢球在土操场上，那真是雨天一身泥风时一身土啊！现在好了，塑胶场、绿草坪，再也不用为孩子们踢球受伤而担心啦，也吸引了更多孩子热爱上了足球。我更见证了学校从普通的足球传统校发展成为全国校园足球特色学校的历程。从在区域内小有名气到多家主流媒体对我校的足球小将和成绩进行报道，再到2015年我校还在全国十城市校园足球会议中做经验介绍，是"足球+"把学校足球特色带到一个崭新的高度。

沙老师：是啊！我认为"足球+"首先体现在每一堂体育课上。我在体育课上又加了一些足球规则、足球历史，足球技巧等。特别是足球游戏让小不点们都玩疯了，"足球+"让小足球踢进了大课堂。

学生：沙老师的体育课我们非常喜欢，在不同学科中我们也感受到"足球+"的魅力。语文课，我们一起分享足球励志故事；音乐课，我们一起唱响世界杯主题曲；美术课，我们一起创作妙趣横生的"足球宝贝"；数学课，我们一起探索"足球场上的数学"；信息课，我们一起玩转"三D足球"……我的"足球宣传画"还被悬挂在一楼足球长廊上呢。"足球+"让我们"快乐足球 全面发展"。

侯老师：大家好！我是学校的班主任老师，我叫侯昕彤。育人为先，踢球在后，"足球+"正通过丰富多彩的课程和班级活动点亮了学生的校园生活。记得一年前，我们班里转来一个叫正正的男孩。第一天，家长就直言不讳地告诉我：这孩子性格孤僻、不太合群，经常和同学闹矛盾。因为这些原因，才不得不转学。没想到，来到我们班，我发现孩子一有机会就去踢球，身边的"球友"也越来越多，性格也渐渐开朗起来。前不久，学校组织班际足球联赛，他还和同学们一起设计队标、选拔队员、制定战术、组建啦啦队，忙得不亦乐乎。一个小小的足球竟然可以改变一个孩子，也可以凝聚一个班集体。

毛校长：大家好！我是学校的教学校长，我叫毛鸿娟。"足球+"正悄悄地影响着我们的学生，改变着我们的校园。我们将"足球+"融入课程，老师们创编了17门"足球+"校本课程。我们将"足球+"融入文化，学校文化节上，足球小将一定走在队伍的最前面，原创舞蹈《绿茵小子》在全省艺术展演中获得一等奖。学校的足球操是学校最靓丽的风景……我们还将"足球+"融入亲情，学校的开放活动，我们的孩子和家长们一起享受足球带来的快乐。各种足球元素让我们的长春汽车经济技术开发区第十二小学校园多姿多彩。

王校长：大家说得真好！"足球+"实现了"校园足球 人人参与"的目标。随着研究的深入，我们又在进一步思考：足球特色如何引领学校全面发展？恰逢此时，我们汽开区与中国教科院正式签署教育综合改革项目，为学校的发展高端引领，助力导航，更为学校的特色注入了精神内涵，那就是——"无限追求 进无止境"。

李主任："无限追求 进无止境"的精神带动学校竞技体育的蓬勃发展。我校运动员在各项比赛中摘金夺银，我们全校师生欢欣鼓舞，幸福的像花儿一样。最振奋人心的是我们的学生在火炬接力赛上勇夺冠军！当大家从局长手里接过沉甸甸的奖杯时，孩子们将它高高地举过头顶，大声欢呼：我们是冠军！我们是冠军！相信这样的经历一定会深深印在学生的生命里。

侯老师：我们是冠军！那呐喊确实让全校师生为之震撼。但是，我更想说说冠军背后的故事。记得刚刚过去的那个冬天很冷很冷，由于学校没有室内体育馆，我们的足球队就借长春汽车经济技术开发区第六中学的场地训练。整个寒假他们只休息了春节的五天。冠军的背后是辛勤的汗水，是不服输的拼劲儿！我也很感动，写下了一首小诗《这个冬天 我们一起走过》，下面我请李鑫主任和我一起来诵读一段。

侯老师：

这个冬天，真的很冷很冷，
微亮的晨曦中我们匆忙起床。
六点五十，
我们早已站在了训练场。
寒冷，
在我们奔跑中退却，
汗水打湿的训练服，
见证了我们无尽的坚强。

李主任：

这个冬天我们一起走过，
在昏黄的灯光下我们匆匆前行。
走过风雪，
走过严寒。
我们不畏艰辛，
不怕跌倒，
坚定的信念，
让我们托起明天的希望！

家长：大家好，我是若曦的妈妈。我家孩子参加了冬训和那次接力赛。作为家长，我明显感受到足球让我的孩子拥有了健康的体魄，更拥有了坚强的意志品质。孩子参加足球训练，每天风雨无阻。累了，学会坚持；痛了，咬紧牙关；跌倒了，再爬起来。特别是这种坚毅果敢也影响着孩子其他方面的发展。虽然年龄小，但孩子勇于接受挑战，参加小主持人大赛，诵读大赛、书法大赛都毫不畏惧，崭露头角。孩子喜欢足球、喜欢学校，就连本来对足球不熟悉的我们家长也受到感染，不有自主地加入学校的特色建设中，记得上学期咱们学校召开家长座谈会，我们家长也纷纷为学校的特色发展出主意、想办法。在学校孩子特别开心、快乐！我们家长特别放心、满意！

毛校长：感谢家长的支持！无限追求 进无止境——正是有了这样的精神，我校数学团队敢于创新，率先在省市召开课堂观察活动现场会；正是有了这样的精神，我校教师勤于钻研，涌现出吉林省首批专家型校长培养对象、吉林省长白名师培养对象、长春市"我身边的好老师"等众多优秀教师。正是有了这样的精神，我们全校师生齐心协力进行美丽校园建设，在教育局均衡发展验收中获得特殊贡献单位。去年我们还被评为长春市教科研基地学校，长春市新优质学校。也正是有了这样的精神，学校的知名度和美誉度不断提高，学校代表教育局参加中国教育科学研究院"育人模式的整体建构"主题论坛获得好评。……正是多年来的传承和发展，坚守与创新，独具特色的足球文化，让每一个从长春汽车经济技术开发区第十二小学走出去的孩子都畅享着成长的幸福。

王校长：是呀，小足球，大教育。在学校特色建设的路上我们且思且行。"无限追求 进无止境"是学校的足球精神，"快乐足球 全面发展"是学校的足球内涵。足球带给学校的是一种力量，是基于学校历史、现实和未来的积淀，蓬勃而有生命力！足球带给教师的是一种生长，教师们实现着自身基础上的专业成长。更重要的是足球带给学生的是一种生命的追求，快乐和健康是我们能给予孩子最好的礼物！最后感谢一直以来给予我们十二校关注、支持和帮助的人们，学校会在更高的平台上特色发展、蓄势期远，我们一路同行！谢谢大家！

"足球文化 润泽生命"学校特色发展团队叙事（二）

（播放视频）：从校园美景、足球文化节、学生各种活动到办学理念、培养目标、学校精神，推出主题团队汇报主题《足球文化 润泽生命》。

1.王校长：（历程回顾）《足球文化 润泽生命》
2.沙老师：（教师幸福）《聚光灯下 光荣梦想》
3.谢校长：（环境文化）《环境文化 美好同行》
4.张老师：（课程文化）《课程文化 演绎精彩》
5.学 生：（行为文化）《快乐足球 全面发展》
6.毛校长：（精神文化）《精神文化 引领发展》
7.家 长：（全员参与）《见证成长 乐在变化》
8.王校长：（总结提升）《纽扣教育 蓄势期远》

学生：尊敬的各位领导、老师，大家好！我叫王珈铭，是长春汽车经济技术开发区第十二小学的一名学生。走进我们美丽的校园，多彩的操场、斑斓展示台与彩虹跑道相映成趣，美丽的杏树林遥相呼应，"晨风"雕塑激励梦想，我们快乐地奔跑尽情地玩耍。教学楼内，足球特色展厅精彩无限，学生足球作品创意无穷。一楼"放飞梦想，快乐起航"、二楼"诗书礼乐，传承经典"、三楼"纽扣教育，润泽童年"文化主题鲜明突出……我们在校园中健康的奔跑，我们在校园中放声的歌唱，我们在校园中也放飞着我们的梦想！

王校长：大家好！我叫王安巍，是长春汽车经济技术开发区第十二小学的校长。正如家铭同学介绍的，我们学校是一所充满生机和活力的学校，更是一所特色鲜明的学校，我们多年的传承与发展，坚守与创新，形成了"快乐足球，全面发展"的学校特色，我们经历了由足球项目优势到学校特色，再到特色学校的发展轨迹。十三五，我们教育局践行纽扣教育，我们每所学校都有自己校本化的解读和行动，我们学校就是在原有特色优势的基础上，注入文化的内涵，在更高的平台上促进学生的全面发展。足球文化，润泽生命，下面先请我们的体育老师沙天宝来说说。

沙老师：大家好，我叫沙天宝。作为体育教师，我最大的幸福就是和孩子们在一起，绿茵场上齐奔跑，足球小将心飞扬，挥汗如雨筑梦想，全员参与无止境。请大家看大屏幕，这是我们学校的"星光长廊"，聚光灯下，有在国家队退役的宋岩庄、有在速滑、排球等领域很有成就的李晨宇、任君瑶，还有当足球教练的王思桐等，想起小时候他们踢球的样子，我就很幸福，孩子们在小学能与足球美好相遇，我相信会让他们的身心更加健康，意志更加坚强，会让他们的人生更加丰富。

王校长：是啊，聚光灯下有我们纵横赛场、摘金夺银的高光时刻，更有我们体育人生，持续发力的闪光实践，感谢时光里所有的经历和铭记。"纽扣教育"是"底色教育"，融于课堂、融入学科、融入课程；"纽扣教育"更是着眼于未来的教育，融于班级、融入家庭、融入社会。我们以足球文化作为落实纽扣教育的主轴线，探索足球文化的实践途径和方法，下面就请我们的学校领导、老师、学生、家长说一说。

谢校长：大家好，我叫谢勇，是学校的后勤主任。学校的环境文化彰显足球特色，我们精心设计，小小的足球灯、足球梦想彩绘童心童趣，让学生流连忘返。正厅特色展板上学生的DIY作品动感时尚。班级展板足球钟表、足球拼图、小小足球鞋真是一班一品、创意无穷。师生们还献计献策，将操场台阶粉刷成彩虹步道。花坛上，围栏上张贴足球明星卡通画和宣传海报。学校的点滴变化在影响着学生：环境文化让学生爱上校园、爱上生活。

张老师：大家好，我是张凌云。是一名班主任老师。美丽的校园不仅孩子们喜爱，老师也喜爱。我也加入课程文化的建设中。请大家看看这些都是我们孩子的作品：各种材质的小足球，足球装饰的帽子、纸袋、奖杯还有大手笔的足球建筑……真是创意DIY，足球乐趣多。班里有一个性格挺内向的小女孩，不爱跟同学玩，总是安静地坐在角落里。但我发现她特别喜欢足球DIY的课程，渐渐地，她也能和伙伴们在小组合作中制作小足球了，并愿意把自己的制作小窍门跟同学分享，同学们一致推荐她为我们DIY课程的首席设计师。一个小小的足球竟然可以改变一个孩子，凝聚一个班级。其实，学校17门足球课程门门精彩。课程文化不仅让足球在校园中美起来，转起来，飞起来，火起来，更让不同的孩子们在享受快乐的同时促进了综合素养的提高。

学生：是啊，我们的课程可有意思了，我们在小剧场表演精彩的话剧；

全校同学一起学唱《小小足球》；一起进行一盘沙与一颗心的交流；一起观看点球大战，探索"足球场上的统计"，我们还在吉林省科技创新大赛获得很多奖牌……课程让我们"快乐足球 全面发展"。

毛校长：大家好，我叫毛鸿娟，是学校的教学校长。如今的长春汽车经济技术开发区第十二小学校园，"足球文化"弥漫在角角落落。正如老师们所说，学校环境文化彰显童心童趣，课程文化凸显多元参与，行为文化立足学生成长。在特色发展的路上我们精耕细作，形成了今天根植师生心底的足球精神，那就是：无限追求 进无止境！文化可以凝聚力量。学校举办足球文化节，也正是我们践行纽扣教育，文化育人的阶段成果展示：当全校征集的25面会旗从四面八方汇聚而来；当吉祥物快快、乐乐带着一群活泼可爱的小鸡蹦蹦跳跳走上舞台；当啦啦操大赛获胜的两个班级进行现场PK；当我们的足球家庭一起进行对抗比赛，全场摇旗呐喊！这，就是文化的力量！独具特色的足球文化，让每一个从长春汽车经济技术开发区第十二小学走出去的孩子都畅享着成长的幸福。

家长：大家好！我是毕业班学生闫芮彤的家长，我见证了孩子六年来在校期间的成长，离别之际，万分不舍，舍不得和孩子离开这座美丽的校园。孩子常年参加足球训练和比赛，几乎没有生过病，而且得到了全方位的发展，变得更坚强，更懂事了。去年，我们全家代表长春汽车经济技术开发区第十二小学和长春汽车经济技术开发区参加了长春市抗震减灾知识竞赛，并取得了很好的成绩，因为足球，我们看到一个积极向上，身心健康的孩子，因为足球，我们全家有了更多的快乐。我们由衷的感谢学校，感谢老师！

王校长：感谢家长的支持！很显然，学校对学生影响最久远，最深刻的不是分数，而是文化，一种在校园生活中逐渐形成的价值取向、思想品质、行为习惯和人生态度……立德树人是学校的根本任务，促进学生自主、快乐、健康成长是教育的本质和核心。纽扣教育是"栽培生命"的过程，为学生打好身心的基础、打好学习的基础、打好走向社会的基础，为学生的幸福人生奠基。最后我要说，足球文化 润泽生命 纽扣教育 蓄势期远！让我们共同努力，一起幸福，一起再出发，谢谢大家！

校园足球 筑梦未来

由中国下一代教育基金会、人民网人民体育共同发起，AC米兰专项基金承办的"少儿足球发展计划——'AC米兰校园足球'公益活动"走进长春，走进我们长春汽车经济技术开发区第十二小学，我们倍感光荣和自豪。

我们学校是一所特色非常鲜明的学校，在省、市、区各级政府、教育局，足协的大力支持和帮助下，我们持续前行！多年的传承与发展，坚守与创新，形成了"快乐足球 全面发展"的学校特色。我们经历了学校足球优势项目到学校特色，再到特色学校的发展轨迹，力求达到"让每个孩子都能健康奔跑，让每个孩子都能放声歌唱，让每个孩子都能放飞梦想"的培养目标。

作为首批全国足球特色学校，我们有一支载誉春城的足球队，多次在长春市校园足球联赛上摘金夺银，学校的足球赛事更是如火如荼，班级联赛、学年对抗赛吸引了很多小粉丝。独具特色的足球文化无处不在，足球元素弥漫在校园的角角落落。丰富多彩的足球课程，全学科深度融合，点亮学生的校园生活。"无限追求 进无止境"的足球精神渗透到学校的各项工作中。与足球美好相遇，让长春汽车经济技术开发区第十二小学的每一名学生都能热爱足球，享受足球，参与在其中，快乐在其中，发展在其中！

足球是世界上最美丽最吸引人的运动，校园足球是事业，少年强则国强，校园兴则足球兴！我们每一名教育人、体育人都需要长期努力，久久为功，夯实校园的基础性工程。

校园足球是教育，立德树人，育人为本，促进孩子身心发展，用体育精神塑造健全人格。

校园足球更是一种生命的追求，健康和快乐是我们能给予孩子最好的礼物！

再次感谢中国下一代教育基金会、人民网人民体育的倾情付出，感谢AC米兰俱乐部，AC米兰专项基金的公益投入，感谢各级政府、教育局一如既往的全力扶持！校园足球，放飞希望！蓄势期远，筑梦未来！让我们共同努力！

学校特色发展的实施路径

推动学校特色发展，提升学校品质，这是时代命题，也是办学追求。在学校特色发展中，我们规划先行，提升内涵，建构体系，寻找载体，寻求遵循教育发展规律、符合学校发展逻辑和充满教育智慧的现实路径，努力让学校生活带给每一个学生健康成长和完整的生命体验。

一、且思且行，做好特色发展的诊断

长春汽车经济技术开发区第十二小学是一所特色很鲜明的学校，多年的传承与发展，坚守与创新，形成了"快乐足球，全面发展"的学校特色，学校经历了由项目优势到学校特色，再到特色学校的发展轨迹。也从普通的足球传统校发展成为全国校园足球特色学校。2016年在长春市基础教育质量提升工程长春汽车经济技术开发区现场会中做团队汇报，2017年11月28日我们学校代表吉林省迎接教育部全国青少年"校园足球"工作专项调研，获得广泛赞誉。

有着良好发展基础和优势，学校如何在优势上再发展，如何在问题上再突破，关键是要做好科学地诊断。做好五方面工作：

目前在什么地方（分析发展基础）——分析学校现状，检查并把握学校的发展水平；

希望到达什么地方（设定预期目标）——通过规划，确定学校未来的发展方向，构思发展愿景；

怎样到达目标所在地（筹划改革举措）——拟定相关举措，选择相应的策略；

怎么知道已经到达目标所在地（拟定成功标志）——确立合理的成功标准正在做的事情效果如何（构建自评机制）——有序做好监控和评价工作。

二、整体建构，做好特色发展的设计

"十三五"是学校转型发展的关键期，由外延式发展向内涵式发展转变，由外控式发展向自主式发展转变，由同质化发展向特色化发展转变，由借鉴模仿式发展向创新性发展转变，由间断式发展向可持续发展转变。

特色发展的顶层设计，整体建构是以目标的引领为前提，以策略的优化为基础，以问题的解决为根本，以专家和行政的合作与支持为保障。特色发展的设计体现在宏观和微观两个方面：

从特色发展的宏观视野来看，这是系统改进，将先进的理念、顶层的设计、学术的方法注入学校的整体结构和运作当中，通过多个层面的互动和变革，有效而持续地达成发展目标。我们在中国教科院专家组的指导下，进一步明晰了学校的理念体系。"求真、思进、向善、达美"是我们的核心价值观。"让每个孩子都能健康奔跑，让每个孩子都能放声歌唱，让每个孩子都能放飞梦想"是我们的培养目标，"无限追求，进无止境"是我们的学校精神。这样，学校特色从文化的高度进行统整，注入精神内涵，形成学校独特的品质。

从特色发展的微观视野来看，是在学校特色运作之中介入新的元素，以此为学校提供更多可行途径，比如，我们介入科技和信息技术，前瞻性地带动系统层面的改变。

三、课程推进，做好特色发展的推动

学校特色发展，我们以"课程建设中的教育生长"为发展主体与主线。我们的课程建设从审视学生的培养目标出发，具有长春汽车经济技术开发区第十二小学烙印的学生，在小学阶段应当表现为怎样的样态呢？结合《中国学生发展核心素养》总体框架，我们把学校原有的培养目标进行了具体化描述，形成了汽开区第十二小学"全面发展的人"图谱。

课程结构决定课程品质。在学校特色发展中我们提到国家课程校本化、地方课程主题化和校本课程特色化，学校根据自身的能力和学科发展水平，结合学生发展目标和实际，有针对性地对课程结构进行立体构建，更能适应和促进不同阶段学生的发展。

立体课程体系：

国家课程校本化，面向全体，夯实基础，采用目标主导模式开发；

地方课程主体化，面向分层，学会生活，采用条件主导模式开发；

校本课程特色化，面向个体，彰显个性，采用需求主导模式开发。

展开来看，我们从基础性课程、拓展性课程、综合性课程三个维度和核心素养进行整体规划，更能保证课程结构的均衡性、多样性和选择性。而在多层次、多角度地课程建设中，"规范"和"创新"是主旋律。

四、科研引领，做好特色发展的研究

科研引领是特色发展的基础，在中国教科院专家团队的指导下，用科研的思维和方法，为学校的发展高端引领，助力导航。科研促教、科研强师、科研惠生，学校申报了吉林省教育学会十三五教育科研规划课题《以"校园足球"为载体推动学校特色发展的研究》。秉承"小足球、大教育"的理念，研究校园足球的管理机制、专项化体育教学、师资培训、文化氛围的营造、安全保障等，在特色发展背景下提供实践模式以及途径。

第六章　和谐课程　育人为本

《教育部关于深化课程改革落实立德树人根本任务的意见》中指出：
"课程是教育思想、教育目标和教育内容的主要载体，集中体现国家意志和
社会主义核心价值观，是学校教育教学活动的基本依据，直接影响人才培养
质量。""十三五"我校聚焦核心素养，培养"全面发展的人"，以"基于
核心素养的和谐课程体系建构"为发展主线，从系统的、整体的视角进行过
程性思考，寻求实践路径，以立德树人为根本任务，对外与广阔的社会和区
域背景相联系，对内进行结构重构和教学重建，产生建设性的变化，让每个
学生获得最有效的发展。创设有利于发挥教师能动性和创造性的氛围，使学
校课程不断创新和发展。

课程建设中的教育生长

——学校"十三五"发展规划的解读

尊敬的中国教科院专家、各位领导：

我今天论坛的题目是《课程建设中的教育生长》。我们选择从课程的视
角来谈学校"十三五"规划，主要是基于这样几点思考：

基于时代背景要求："十三五"学校从特色走向课程，是应对社会发
展的时代挑战，适应创新型国家的时代诉求，也是满足学习化社会的时代追
求。同时国家给予了课程改革的政策支持，实行三级课程管理体制，赋予学
校更多的课程管理权责，更赋予了教师多重的课程角色。

基于区域发展要求："十三五"学校从特色走向课程，是落实教育局

"十三五"规划的有效载体。我区"同心圆"育人体系的顶层设计，可以说高屋建瓴，是以学生核心素养为圆心，以课程建设为重点，以提高校长课程领导力为关键点，以促进教师专业发展为动力点，以建立教育保障机制为发展点，还有很多的执行策略，我们要做好校本化的解读和落实。

基于学校转型要求："十三五"是学校转型发展的重要阶段，我们从外延式发展向内涵式发展转变，从外控式发展向自主式发展转变，从同质化发展向特色化发展转变，从借鉴模仿式发展向创新型发展转变，从间断性发展向可持续发展转变，而课程建设是学校发展的主题和主线。

基于学生高品质学习要求：基于培养目标，基于儿童立场，以科学性、时代性、民族性为基本原则，培养全面发展的人。遵循学生身心发展身心发展规律，为学生提供可选择的教育，让学校生活带给每一个学生健康成长和完整的生命体验。

基于儿童立场，"课程决定儿童的学习活动"与"根据儿童实际决定课程"二者之间保持了更好地张力，具有了相当的平衡之美。

综上所述，课程建设可以使学校从内部实现系统性变革，课程建设为教师专业发展开辟了新的道路，当然，课程建设最大的受益者还是学生，学生收获的是更高品质的学习！

在题目中，还有一个关键词：教育生长。

"任何事物真要长大，真要有力量，必须要有内生力"。这是华东师范大学终身教授叶澜的观点。成长必须要有内生力！"内生力"的首要前提是知道往哪里走，认准方向。对方向有确认，有信念，才能一步步朝前走，持续努力，累进发展。

"新基础教育"的内生力包括两个方面：

一是"成人成事"的目标。把成人成事关联起来思考："成人"是在"成事"的过程中实现；成长起来的人又能更好地促进转型变革事业的实现。人对了，事情就对了！

二是"发展自觉"的培养。人如何"成"？如何在做事中"成"？如何让人自觉地发展？我们把"发展自觉"概括为四句话：以学促自明，以思促自得，以省促自立，以行促自成。

课程建设中的教育生长，就是以课程建设为重点，挖掘内涵，建构体系，寻找载体，寻求遵循教育发展规律、符合学校发展逻辑和充满教育智慧的现实路径。课程引领，统筹设计，立德树人、个性发展，这也是学校"十三五"发展规划的指导思想和策略选择。下面我从现实基础、发展目标、措施任务、重点项目和保障机制五个方面来谈：

一、现实基础

1.和谐的学校文化。

我们长春汽车经济技术开发区第十二小学，深耕十年的和谐文化，为课程建设、品质提升注入了生机与活力。我们以"和谐发展，共享成长"为信念，培育积极的组织文化；以"同伴互助，团队共进"为信念，形成多元的教师文化；以"快乐足球，全面发展"为信念，建立多彩的学生文化；以"开放办学，和谐互动"为信念，营造多渠道的家长和社区文化。逐渐向"学校积极服务""学生有效学习""教师教学专业""家长社区正向参与"的和谐目标迈进。学校的经验多次在全国、省、市做介绍。

同时学校形成了自己独特的办学理念体系，"求真、思进、向善、达美"是我们的核心价值观，师生耳熟能详。"让每个孩子都能健康奔跑，让每个孩子都能放声歌唱，让每个孩子都能放飞梦想"是我们的培养目标，"无限追求，进无止境"的学校精神弥漫和渗透到学校各项工作中，学校育人条件与育人质量达到一个崭新的高度。

2.科研强校的办学优势。

多年来，我们一直"坚持实践、探索规律、研训一体、全面育人"的科研强校办学之路。回顾我们的发展轨迹可以清晰地看到，学校率先在省市召开课堂观察活动现场会，多次召开市、区教育科研现场会，提高了学校的知名度和美誉度。"十二五"期间，学校共有多项省市课题顺利结题，每名教师都参与了省级课题的研究，使学校形成了较为浓厚的研究氛围，增强了学校和教师教育科研的意识，为课程开发奠定了良好的研究基础。

随着新课程改革的启动，学校也进行了校本课程开发的有益探索，尝试了走班选课，深受学生和家长的欢迎。学校的课程视野下的学科组建设和17本特色课程的开发，增强了教师课程开发的意识，为学校"十三五"的课程建设积累了一定的经验。

3.特色兴校的自我创新。

"快乐足球，全面发展"是学校特色，学校经历了由项目优势到学校特色，再到特色学校的发展轨迹。学校从普通的足球传统校发展成为全国校园足球特色学校。多年来的传承和发展，坚守与创新，丰富多彩的课程和学校活动点亮了学生的校园生活，进一步彰显学校的办学特色。2015年代表长春市在石家庄全国十城市校园足球会议上进行交流，2016年在长春市基础教育质量提升工程长春汽车经济技术开发区现场会和湖南省教育局局长研修班中做团队汇报，获得广泛赞誉。

4.专业发展的教师团队。

学校拥有一批专业化程度较高的教师团队，呈现出独特的整体风貌和较为显著的育人效益。涌现出吉林长白名师培养对象，长春市"我身边的好教师"、车城最美教师等一批优秀的骨干教师。青年教师也脱颖而出，不仅在省市各项大赛获奖，并走向全国，英语学科孙秋菊、体育学科沙天宝、语文学科张凌云代表教育局参加全国教学大赛均获一等奖。还有学校新生代的成长，老师们在每段经历中都能发现更强大的自己。专业化的学科教师团队，既能够形成学科校本研究的氛围，又能够发挥学科团队集体的智慧，提升课程研究的质量和水准。

二、发展目标

课程从本源上讲，就是要为儿童铺筑一条通向属于儿童自己精神家园的、促使他们自我成长的跑道，而我们作为引领者、协同者，辅佐着儿童在这条跑道上漫步或者奔跑。其发展目标集中体现在学校、教师、学生和课程等几个方面，即彰显学校"和谐教育奠基幸福人生"的办学理念，培养儿童"全面发展的人"，提升教师的课程素养（增强教师的课程意识，增加教师的课程知识，提高教师的课程能力），提高课程的适切性和发展性（优化课程的整体结构，提高课程实施的质量和效果，促进课程的建设与发展）。

课程开发作为学校系统变革的核心要素，具有牵一发而动全身的功能。课程开发的过程就是践行学校办学理念的过程，具体表现在课程实施的各个要素和环节之中，小学的课程不仅仅为孩子升入中学后的各学科学习服务，更是为儿童当前和今后一生的幸福生活服务。而在小学阶段的课程目标是课堂：因有效学习而幸福；特长：因自主选择而幸福；育人：因文明高尚而幸福；阅读：因文化滋养而幸福；评价：因积极体验而幸福。

三、措施任务

思路：学校课程建设的整体建构。

将学校课程建设视为一个系统，这个系统具有一定的结构性，包含诸多相互联系的要素，在具体分析校情、教师资源、学生需求基础上制订并实施课程方案，包括理念系统、行动系统和评估系统，而且要素之间的有内在逻辑关系，描绘并呈现结构化框架。

1.培养目标决定课程发展方向。

我们的课程建设从审视学生的培养目标出发，具有长春汽车经济技术开发区第十二小学烙印的学生，在小学阶段应当表现为怎样的样态呢？结合《中国学生发展核心素养》总体框架，我们把学校原有的培养目标进行了具体化描述，形成了长春汽车经济技术开发区第十二小学"全面发展的人"图谱，明确的学生培养目标，决定了课程发展方向。

2.课程结构决定课程品质。

根据我区教育局"十三五"教育发展规划纲要中提到的国家课程校本化、地方课程主题化和校本课程特色化，我校根据自身的能力和学科发展水平，结合学生发展目标和实际，有针对性地对课程结构进行立体构建，更能适应和促进不同阶段学生的发展。

3.课时调整盘活各类课程。

根据学生身心发展规律和学科特点，在保证课时总量不变的前提下，探索长短课时有机结合的弹性化时间制度。正课时40分钟，用于国家规定课程的开设。适时安排大课时（60分钟）用于安排美术制作、团队活动等，小课时30分钟，用于每天的经典诵读和书法课程，微课程15分钟，开展名曲欣赏课程、营养健康课程等。根据学科与教学内容的不同，让长短课时交错，张弛有度，时间安排趋于合理。

四、重点项目

1.立德树人，扣好人生的第一粒扣子。

我区教育局"十三五"教育发展规划中，明确提出"以引导广大师生立德树人，'扣好人生的第一粒扣子'为主线，以'勤学、修德、明辨、笃学'为重点，构建体系完整、科学规范、运行有效的'纽扣教育'体系。

我校全面落实立德树人根本任务，立足校园做基点，走进社区成关键，步入社会图拓展。有效整合育人资源，学生在多样化的载体中得到健康、全面、个性的发展。

2.立足特色，培植足球精品课程。

在丰富多彩的校本课程中，有意识地培植一些精品课程，如学校快乐足球课程。围绕省级"十三五"课题《以校园足球为载体推动学校特色发展研究》，从"足球与竞技""足球与德育""足球与教学"三维度进行"足球+"校本课程开发，涉及体育、美术、音乐、科技、心理、语文、数学、英语、品德、建筑等众多学科。在这一过程中，一是充分发挥学校专长教师的作用，鼓励他们为学生提供更丰富且适合个性发展需求的课程。二是在开展学校特色课程建设实践的同时，制定校本课程建设规范，形成学校的特色课程群，组建学校的优质课程资源库。

3.立足学生，创建十二烙印课程。

长春汽车经济技术开发区第十二小学烙印课程，是属于长春汽车经济技术开发区第十二小学的专有的课程形态。任何一所学校的课程都会通过一些独特的文化或者活动留在每个孩子的心里，成为他们挥之不去的特殊记忆。我们把最具代表性的美好瞬间浓缩为"十二烙印"：开学课程、缤纷社团、六年六节、梦想舞台、十二之歌、师生宣言、星光大道、传统节日、亲子阅读、旅达天下、快乐足球、毕业典礼，形成十二特有的课程文化。这一切，将成为他们成长的烙印，将成他一生的风景。

4.立足学科，拓展课程开发之路。

立足学科，强化提供学习的丰富性和多样性，完善课程要素，积累过程素材，形成丰厚的课程资源，开发学生个性潜能，培养学生的创新精神和实践能力。

五、保障机制

组织保障　落实责任分工，明晰权责

人才保障　以教师发展支撑学校发展

制度保障　教育治理背景下现代学校制度建设

资源保障　密切整合校内外资源，协同实施规划

评估保障　全面总结，整体评价，多元视角

信息化保障　加快信息化进程，实现教育现代化

　　课程归根到底是发生在学校情境和课堂情境里的，是在学校真实生长的，我们要依靠教师和学生一起开发课程、生成课程、创造课程、构筑课程，在社团活动中，在和风细雨中，在心灵舒展中，自然、自由地实现，促进学生的全面发展。

立足课程　全面发展

——足球精品课程建设

我们长春汽车经济技术开发区第十二小学是一所特色很鲜明的学校，多年的传承与发展，坚守与创新，形成了"快乐足球，全面发展"的学校特色，我们也经历了由足球项目优势到学校特色，再到特色学校的发展轨迹，形成了学校足球发展的路径和策略。在此基础上我们践行纽扣教育，足球文化，润泽生命，一墙一角皆文化，一枝一叶总关情。这是学校足球发展之路，"十三五"，我们以"基于核心素养下的足球课程建设"为重点，在更高的平台上促进学生的全面发展。下面我从四个方面进行汇报：

一、聚焦课程目标，落实全面发展

课程目标决定课程发展方向。学校的足球课程彰显学校的办学理念，努力实现"让每个孩子都能健康奔跑，让每个孩子都能放声歌唱，让每个孩子都能放飞梦想"的培养目标，具体化为我们长春汽车经济技术开发区第十二小学"全面发展的人"的图谱，培养拥有健康体魄、良好习惯、具有基本学习能力和充实心灵的长春汽车经济技术开发区第十二小学学子。

二、优化课程结构，提升学习品质

课程结构决定学习品质。我们学校足球课程的整体建构，以基础课程、拓展课程和特色课程为三大支柱，基础课程、国家课程校本化实施是关键，正如王登峰司长所说，校园足球即将进入新时代，首要是让校园足球的教学落到实处。所以，我们面向全面学生，每周一节足球课，有效落实，夯实基础。拓展课程社团化，面向分层，因需施教。特色课程个性化，我们开发了17门"足球+"校本课程，全学科全学段融合，面向个体，多元发展。

三、强化课程实施，培植精品课程（以特色课程实施为例）

小足球，全学科。我们原创的十七门"足球+"校本课程，全学科深度融合，采取课堂学习、专题讲座、主题项目、探究体验等不同方式实施，逐步实现认识足球——体悟足球——认同足球的层次递进目标。

小足球，大教育。我们力求发挥每一门足球课程的育人功能，促进孩子身心发展，用体育精神塑造健全人格。这是我们17门校本课程用思维导图呈现的课程目标和课程内容，比如，我们的《足球建筑》课程，是跨学科综合化的课程，增强审美意识、足球意识，培养学生动手实践和创新能力。像我们的《心动足球》课程，尝试把足球场景融入心理沙盘，把足球场中的豪迈激情与沙盘中的优雅安静结合起来，积极调节情绪，学会团队合作。

小足球，深研究。我们通过课题引领课程研发——骨干践行做中学思——机制强化教师发展——项目驱动全员参与——团队协作固化成果。我们从课程视野下的教学小主张，到学校课程规划的多次修订，再到利用UMU平台进行校本课程纲要再修订的协同研修，我们一直在破解问题，一直在精耕细作，努力培植我们的精品课程。

四、重视课程评价，保障育人效果

课程评价对学校课程起到导向和质量监控的作用，我们尝试建立以目标为中心的课程设计评价、过程为中心的课程实施评价、结果为中心的课程效果评价体系。

请大家欣赏一小段影片，是我们学校足球文化节和课程开放场景。

课程中，镜头下，孩子们个性张扬，充满创造；赛场上，比赛中，孩子们更是激情飞扬，捷报频传。今年我们参加中国教科院在山东寿光举办的全国校园足球联赛点球惜败获得亚军，足球技能比赛获得一等奖，长春市校园足球联赛小学超级组亚军，长春市我爱足球季军，汽车区足球比赛小学组冠军。长春电视台《飞翔吧 绿茵少年》和《沃土流芳》栏目组都对学校进行了专题报道。

我们在为未来积蓄力量，学校的足球精神更是根植于师生心底，那就是：无限追求 进无止境！学校内涵发展，知名度和美誉度不断提高，今年我们承办"AC米兰进校园活动"，赢得广泛赞誉！迎接郑州、重庆、宁夏等多地的教育同仁学习考察，深受好评！学校的经验多次在国家、省、市做汇报，十二扬名！立德树人，育人为本，学生自主、快乐、健康地成长是我们矢志不渝的教育追求！

最后我想说：无限追求目标明，全面发展特色亮！足球教育润生命，蓄势期远凯歌扬！

课程视域下的校本教研

随着我国基础教育课程改革的深入，"校本教研"成为多频词，不时回响在耳际、跳跃于眼前。以校为本的教研，是将教学研究的重心下移到学校，以课程实施过程中教师所面对的各种具体问题为现象，以教师为研究的主体，它是全面推进素质教育的重要保证。近年来，我们把校本教研作为推进课程建设的主渠道，进行一系列有效的实践与探索。校本教研不仅有效地改进教师的教学工作，而且有效地提升了教师自身的反思意识和能力；不仅积极地实现了教师的专业自主发展，而且促进了学校的课程发展。更重要的是，教师作为研究者的校本教研，已经从根本上改变了教师自身的生活方式，从而在研究中，更深刻地理解了自己行为的社会意义，体会到自己职业的生命价值。

一、校本教研的认识与思考

校本教研，作为一种重心下移的教研方式，作为一种能促进教师专业成长的学习方式，在理论上已被广大教师所认同。但也存在一些问题，引发了我对校本教研有效策略的思考。《中国教育报》的一篇名为《校本教研究竟难在哪？》给了我很大的启发，文章中谈道："随着校本教研的不断深入，教师们碰到的问题也层出不穷，校本教研在有些学校效果并不明显，其阻力因素也随之增大。究其原因，主要有以下几方面：情绪对立，知识融合，思维陈旧，机制导向……"

在诸多原因中，既有思想观念的抵触，也有技术"瓶颈"的钳制，而更多的还是缺少对校本教研的本质认识。于是，我校把校本教研的起点定位为唤醒教师对校本教研的思考，我们要回答三个问题：

1.校本教研是什么？

把握校本教研的本质，关键在于对"校本"概念的理解。校本教研中的"校本"包括四层含义：教学研究的价值取向以服务学校教育教学为本；教学研究的主体以学校教师为本；教学研究的对象以学校中真实的教学问题为本；教学研究的方法以行动研究为本。据此，校本教研可以界定为以教师为研究主体，以具体学校中存在的各种具体而真实的教学问题为主要研究对象，以行动研究为主要研究方法，以服务学校教育教学为基本价值取向的教学研究，总结和提升教学经验，努力把学校建设成为学习化组织。

2.校本教研为什么？

学校层面：强调学校的自治性和发展的自主性，使学校成为真正意义上的学习化组织，从而促进学校的自身发展，校本教研是创办学校课程的重要支撑。

教师层面：持续的专业发展意识与专业发展能力：把教学研究与教师日常教学工作、在职培训融为一体，促进教师形成"教学研修"同期互动的职业生涯；在教学实践中发现问题解决新问题，取得新经验、新认识。

3.校本教研做什么？

我校校本教研的整体构想，三个阶段与三种形式并存，形成纵横交错的网络体系：

横向教学型教研、研究型教研、学习型教研有机结合，完整体现校本教研的内涵和外延。教学型教研，以教为着眼点，以课例为载体；研究型教研，以研为着眼点，以课题为载体；学习型教研，以学为着眼点，以阅读为载体。提倡教学型教研，防止校本教研神化；提倡研究型教研，防止校本教研泛化。提倡学习型教研，防止校本教研窄化。校本教研力求形成全员聚焦学校课程，人人参与课程研究，个个勤奋学习的良好氛围。

纵向校本教研从活动化阶段、制度化阶段走向文化阶段发展，三个阶段的不断深入体现了校本教研发展的连续性与阶段性统一。

二、校本教研的有效策略

与以往教学研究相比，校本教研的提出绝不是一种概念上的翻新，而是在理念上的一次重建。制度的开放性、文化的学习型和专业的自我反思性就成为校本教研所反映出的先进理念。华南师范大学教育科学院刘华良博士提出了校本教研的有效模式："问题——计划——行动——反思"。上海教科院周卫先生根据美国圣路易斯部新城小学"推动多元智能行动研究"提炼出来的，他认为教师"校本教研"的过程应当是"发现问题——组织团队——学习准备——设计实施——总结反思"五个阶段。我校借鉴先进经验结合自己学校的特点，着眼发展，拓展思路，强化创新，变革教研模式，形成具有学校个性特色的校本教研策略。

（一）校本教研活动化：增强校本教研的实效性。

校本教研活动化是以"开展活动"为载体，开展不同层次、不同系列的校本教研活动，让学校成为学习化、研究型、开放式学校，让课程成为校本教研聚焦的课程。

1.以课程叙事为载体的个体反思研究。

自我反思是开展校本研究的基础和前提，校本研究只有转化为教师个人的自我意识和自觉自愿的行为，才能得到真正的落实和实施。叶澜教授曾经说过：一个教师写一辈子教案不一定成为名师，如果写三本反思有可能成为名师。我校通过建立教师成长记录袋，撰写教学札记、课后随笔、实践反思录、讲述自己的教育教学故事等多种形式，记录教育教学的成败、启示和感悟，使教学反思逐渐成为教师的自觉行为，成为促进教师自我成长和专业发展的内驱力。"十三五"我校聚焦课程，我们认为"改革最终发生在课堂上"，"聚焦课程"既是一种研究的趋势，也是提高教学质量的内核所在。聚焦课程的范围和内容包括自己"课程设计"的意图，课程实施过程中发生的"教学事件"，整体的"教学效果"等，尤其是与课程紧密相关的内容，包括课程的行为选择、方法选择、多方互动策略选择等内容，及时记录教师课程建设的心路历程，将教育理念与教学行为有机融合，不断增加教师的思考力、感悟力。

2.以课例为载体的课程行动研究。

实践性智慧是缄默的。它蕴含于教学实践过程中难以形式化或通过他人的讲授获得，只能在具体实践中发展和完善。我非常有幸聆听过顾泠沅博士的"教师在教育行为中成长——以课例为载体的教师教育模式研究"以及王洁博士的课例研究例解的两个报告。以课例为载体，提高教师课程意识和能力的思路越来越清晰。我校将"三段两反思"行动教育模式具体落实在各个课例研究过程中。第一阶段教师自行设计，代表教师的"原行为阶段"。紧接着进行第一次反思，寻找自身经验与理念的差距。第二阶段是新设计阶段，它关注核心素养下的课例设计和实施。然后进行第二次反思，主要寻找新设计与课程实际之间的差距，以便进行新设计。第三阶段是新行为阶段，期待在课程中充分体现新设计理念，改变学生的学习方式和提高课程质量，实现理念与经验的整合。学校通过课例研究，有效地解决先进理念向教学行为的转移，有利于深入课程建设，有效改进教学行为，使学校不仅成为学生成长的场所，同时也成为教师不断学习提高，成就事业的学习组织。

3.以互动研讨为主要形式的专题性研究。

校本教研的标志和灵魂是同伴互助，是教师作为教学研究者之间的教学交往、对话、互助与合作，是教育智慧的互动互助。反思很多不见效果的教研活动，究其原因，既有教研活动忽视了主体——教师，急功近利，舍本逐末趋向的原因，也有教研活动目标不明确，目标不集中有关。因此，教研活动的组织要有集体的参与，教研内容应有针对有价值，要专题化、微格化。我校以种子教师为引领的课程团队和团队研修常态化，充分发挥骨干教师敏锐的学术眼光和较高的理论、实践水平，捕捉课程改革中的热点、难点问题，精心做好准备，组织教师开展交流。团队研修营造出宽松自由的学术研究氛围，每次就一个课程主题展开讨论，人人参与、集思广言，以平等的对话，引起心灵的交流、思维的碰撞，理念的升华。

同时我们还非常重视专业引领，专业引领的实质是教学理论对教学实践的指导，是两者之间的对话、互动。没理论指导的实践是盲目的实践；没有专业引领的教学只能是低水平的重复。近年来我们聘请了省、市知名专家、教授专题讲座，开展专家与教师对话，通过专业引领，提高了我校校本研究的理论水平，增强教师的理论素养和理论思维能力。

4.以问题为先导的课题行动研究。

以问题为中心，把问题变成课题，使校本教研不再是简单的研究，而着重在措施、方法、手段上研究，学校真正成为一个教科研的实体。我们强调最有价值的课题是实践中产生的问题，课题的生命力，在于给实践的指导，解决实践中的问题。近年来，我校始终坚持"开展自己的教学研究""解决自己的教学问题""发表自己的研究成果""改善自己的教学实践"，不断积累经验，提高教育教学研究能力。我校现已初步构建多级课题网络，做到科科有课题、人人有专题。校本教研成为教师成长的平台和展示团队凝聚力、个人教育教学魅力的舞台。

（二）校本教研制度化：提高校本教研的主动性

校本教研制度化是以"构建制度"为载体，一方面是将校本教研本身作为一种制度来理解，另一方面是指校本教研的有效性依靠相关制度的支持。

通过加强学校内外各种制度建设，形成校本教研的良好运行机制，促进校本教研稳定、持续、长效地发展。

我校校本教研制度建立三个系统：专家支持系统——重点提升教师的科研品位和科研水平；名师带徒系统——重点提高教师的课程实践能力；教师互助系统——增强教师的团队精神，用团队的成长促进教师的成长。在此基础上，我们从管理制度、学习制度、反思制度、对话交流制度、行动制度五部分来构建，每一部分下又细化出具体制度，从小处做起，从细处挖掘。校本教研制度的最终效力在于人的认同，也就是"教师的认可"，所以我们在建立校本教研制度的时候，由两条主线并行而成，一条是由上而下的引领，一条是由下而上的提炼，这个过程决不能简单化，要求教师参与制度的制定，从而形成共同的价值取向。

（三）校本教研文化再造：确保校本教研的发展性

校本教研文化再造是以"打造文化"为载体，学习成为习惯，研究成为嗜好，开放成为品质，从学习型学校的角度，从系统思考的角度出发，通过团体学习来建立共同的愿景，最终建立一种新的促进师生共同发展的学习型的学校文化。顾泠沅教授在全国校本教研项目会上谈道："当今的校本教研应对课程改革的挑战，发生了如下几方面的转变：①从技术熟练取向到文化生态取向。②从研究教材教法到全面研究学生、教师的行为。③从重在组织活动到重在培育研究状态。④从关注狭隘经验到关注理念更新和文化再造。" 校本教研就成了学校形成学习型文化的推动器，这样的学校才是有效的学校，这样的学校也才是不断学习、不断发展的学校，这也将是我们努力的方向。

课程视域下的校本教研彰显了课程实施的特色，也超越了传统教研的实施模式，在努力探寻校本教研的有效策略和教师共同成长之路上，我们且思且行，我们将不断地探索，不断地反思，努力建设开放而有活力的校本教研模式，促进学生的全面发展，促进教师水平的提高，促进学校的可持续性发展。

快乐追球　怀梦远航

——"足球+"校本课程纲要再修订
之团队研修

主题目的：课程纲要是课程建设深度变革的灵魂，是教学计划的升级版，是课程标准、课程说明书，是课程的合同，是课程开发的基本工具。课程纲要包括课程基本信息、课程背景、课程目标、课程内容、课程实施、课程评价等部分。通过线上和线下学习梳理"足球+"校本课程，在总体课程纲要基础上完成各门课程纲要，打造精品课程。

活动形式：线上线下（翻转研修）

活动主持：陈玲

活动准备：相关图片、视频、课件、课程教材、课程牌、打印课程规划

研修时间：45分钟

活动分组：

第一组	第二组	第三组	第四组	第五组
沙天宝《足球课堂》付斯琪《快乐踢吧》赵珍珍《唱响足球》宋 雪《足球科技》	谢 勇《指尖足球》白晓光《心动足球》周 娟武明宇《足球健康》	孙秋菊《球衣炫彩》高禹彤《多彩足球》陈雨晴刘羽飞《足球建筑》	于 佳《足球视野》宋 扬邹诗淼《足球偶像》王 静《数字足球》	孙艳玲《足球神话》王天舒《足球史话》黄智莹《足球精神》张凌云《足风语韵》
内容				提炼
第一环节： 　梳理和导语陈主任：各位老师，欢迎大家再一次来到"足球+"驿站。"足球+"校本课程研发与实施之课程纲要再修订主题研修活动现在开始。 　线上我们通过UMU平台完成了自学、互学和组内合作任务。完成（前置性学习单）"第一部分图说课程——我的课程自画像；第二部分难忘瞬间——我的课程实施案例；第三部分自圆其说——我的课程反思与追问；第四部分，我的纲要——精品课程第一步"的任务。 　通过平台统计的数据可以看出老师们学习都非常都积极。 　从学习中我们知道，课程纲要是课程建设深度变革的灵魂，是教学计划的升级版，是课程标准、是课程说明书，是课程开发的基本工具。那么，通过学习，你了解到校本课程纲要包括哪些部分？ （大家发言）				

续表

内容	提炼
第二环节：思维导图呈现课程内容和目标 　　陈玲主任：对，（边说边粘贴）校本课程纲要一般包括基本信息、课程背景、课程目标、课程内容、课程实施、课程评价。在前置性学习任务一中大家利用思维导图呈现了17门足球+课程的课程目标和课程内容，我们来欣赏一下（展示17门课程的思维导图）。哪组老师先来介绍下自己的"足球+"。	基本信息 课程背景 课程目标 课程内容 课程实施 课程评价
刘宇飞：我先来说说我负责的《足球建筑》校本课程。足球建筑涉及数学、科学、人文、历史、艺术等多门学科。这门课程在设计上主要与学校足球特色相结合，同时把常规课程与足球兴趣培养相结合，这也是对国家课程的一个再创造。在内容编排上我们尽量考虑到学生的年龄特点进行选材，把学校的足球精神延伸到学习和生活中。因此，我设计的课程目标主要有三方面：第一，了解足球场地相关知识，了解足球世界和中国的足球场馆及相关人文等知识。第二，增强审美意识、足球意识、爱球热情。第三，发挥足球教育功能，培养学生动手操作能力和创新能力。课程内容主要包括足球场地百科、世界著名足球场、中国著名足球场以及我创意的足球场四个版块。特别是最后一章的设计就是让学生在前几章学习的基础上进行知识的整合和创新，为学生插上想象的翅膀。这些都是我们学生的足球场馆环保作品，很有趣吧！	多学科
陈玲主任：刘老师的课程内容涉及多学科，综合性很强。	综合性
宋雪：是呀，足球建筑确实挺有趣，我都想选修这门课程了。我是学校的信息技术教师。《指尖足球》的课程旨在借助3D虚拟机器人，采用编程模块化的编程方式，让编程变得更加简单易懂。特别是3D足球活动主要采用网络对抗模式：把学习从单人变为团队互动，提高了效率，实现了团队互补，即两台电脑+两位选手+两种机器人设计+两种思维。这样既培养了学生的编程能力，又增强了学生的团队协作能力。教材分为程序解析之基础篇、进阶篇和搭建篇，学生在整个学习过程中了解了编程，学会运用了编程，从而提升了学生对足球对抗赛的兴趣和思维。	
陈玲主任：专业性很强的一门课程。现在已有两名老师介绍了自己"足球+"课程，谁还想来说一说自己的"足球+"课程？	专业性
张凌云：宋老师的《指尖足球》好专业，我们班孩子参加长春市3D足球比赛还取得了不错的成绩呢。我的《足风语韵》"足球+"校本教材由低段到高段分别根据学生的接受能力和兴趣爱好，编排了第一篇章《启蒙篇》（儿歌适用于低学年）；第二篇章《成长篇》（主要是适用于中段的看图写话、足球名言、手抄报）；以及高年段的第三篇章《求智篇》（短文阅读、足球新闻）。我们学校提出"快乐足球 全面发展"的特色，我认为语文的学习也应该是快乐的，所以我在校本课程研发和实施中也积极倡导愉快的学习法，潜心引导学生品味语文，运用语文。比如，通过足球赛的阅读和作文积累细节描写和场面描写的方法，通过足球名言进行语言的积累。我还和孩子们一起创编了《友谊之球》的小话剧，用情趣的教学方式，创造条件让学生在语文乐园里畅游。	分年段 有重点

续表

内容	提炼
陈玲主任：凌云老师的课程内容分低中高段实施。我们每人的课程都不同，都有自己的特色，最后一个机会，谁还想介绍一下自己的"足球+"课程？	
高瑀彤：我来说一说《多彩足球》这门课程。孩子们都亲切地叫他"足球DIY"。主要目的我想用五个关键词表达：图像识读、美术表现、审美判断、创意实践、文化理解。我们学校校园足球文化氛围浓郁，在美术课上，我们由易到难，由浅入深，循序渐进地安排了一些富有趣味性、生活化的任务。比如，孩子们在《制作足球》明白了足球的结构构成，在《足球鞋设计》《足球赛徽标设计》《足球场设计》等设计课中，学到各种实用的设计构思和方法；在《足球明星》《我和足球》等课中学习夸张的漫画表现手法，体验美术语言的魅力，并尝试运用剪纸、摄影等方法去表现足球运动的激情和快乐。	丰富性
陈玲主任：课程内容好丰富呀，四位老师的介绍让我们再次感受到了每门"足球+"课程独特的魅力，我看大家听的都十分认真，那么你在听后有什么感受呢？	
付斯琪点评：我是新加入咱们课程小组，通过四位老师的介绍，结合着UMU课程学习，我初步了解到了咱们学校的"足球+"校本课程。尤其是刘羽飞老师，我特别欣赏《足球建筑》这门课程目标完全定位在学生身上，目标清晰明确，同时课程内容也以版块形式呈现，很鲜明。	清晰明确
武明宇点评：高老师的《多彩足球》课程内容太丰富了，我们学校各个班级的一班一品、学校正厅的足球DIY展示角，好多都是她们课程的作品。	
周娟点评：我觉得四位老师对课程目标的设定都有一个共同的特点：都站在学生的角度来叙述。不过，我还想给宋雪老师的指尖足球提个小建议：能不能把目标说得再通俗一些，让学生们能听懂。	适切性
陈雨晴点评：我也是新老师，我对张凌云老师的《足风语韵》更有兴趣。在导图介绍中，他把课程目标和内容分低中高段三个阶段实施。内容丰富，层次清晰，重点明确。这既体现语文特色又有足球文化。她们社团自编自演的《足球友谊》小舞台剧我看了，特别棒。	
陈玲主任：其实也正如大家所说的这样：作为课程纲要的重要组成部分，理想的校本课程目标应该是清晰、明确、适切的。课程内容也要尽量丰富、适段、符合学生年龄特点。咱们在制定和修改课程纲要时，也要关注这些。	
第三环节：课程实施	
邹诗森：陈主任，其实我们有了比较清晰、准确、适段的课程目标，也有了比较丰富、符合学生特点的课程内容，下一步就是把这些落实下去，所以我觉得纲要中课程实施太关键了。	在课程实施处画重点符号
陈主任：的确如此，课程实施是更好完成课程目标的关键所在。它涉及学习主题、课时安排、实施途径等。在这里我想先插播一段长春电视台《飞翔吧　绿茵少年》栏目对我们学校的一段专访，了解一下咱们学校的足球文化和课程背景。	传统传承 快乐足球 全面发展

内容	提炼
（视频后）把足球融入了课堂、学科、课程。这实际上就是我们特色发展的路径。我们现在有了目标，有了内容，也有了17本"足球+"教材，但如何把"足球+"课程具体落实下去?相信大家在实施的过程中一定积累了不少的经验，能与我们分享一下吗？下面我想请英语、综合、音乐、心理学科组的老师来说一说。	整合情境
于佳：我的课程是《足球视野》，在一年级的课堂中，我根据学生已有知识经验与爱好，将教材知识整合、重组，创设情境，创编对话。往往在一个对话中，以足球为中心，会融合多个交际用语，实现语言的浸润式教育，学生围绕着热爱的足球，用英语进行交流，最终充分发挥语言的交际功能。	对话
宋扬：是呀，在不断地尝试与改进中，我们英语老师们根据不同的学情，将"足球+英语"应用到不同的年级，高年级我们采用同步英语足球解说的形式，使所有的学生在英语课堂感受到足球的魅力，激发了学生们学习英语的兴趣。	
孙秋菊：（展示足球文化节一组图片，孩子的作品最生动，是校本课程的重要资源）下面我说说赛场上的美丽战袍——球衣，《球衣炫彩》这门课程更多的是介绍世界各知名球队的队服及其具有的特殊的意义、设计背景等，这是一门以足球为载体，培养学生创新和实践能力的课程，在教材实施过程中，以教材本身为切入点，我和孩子一起查阅资料，分享成果。别看它们小，但对各款球衣都有自己的独到见解，从球衣logo的设计，衣服材质的要求，甚至精细到领口的形状，孩子都能讲出很多内容。我都成半个球迷了。在教材编排和实施中我觉得他更适于三四年，教材的最后实际上都是孩子们的球衣作品，孩子的作品也是宝贵的课程资源。	查阅资料 孩子作品
陈玲主任：刚才孙秋菊老师提了一个词——课程资源，这也可以是课程纲要里的一部分，学生的作品、家长的参与、社区的参与都是课程资源的重要来源。	
赵珍珍：足球和音乐有很强的亲缘性，在实施《唱响足球》课程过程中，我们除了以欣赏、了解每届世界杯主题曲外，还编排了《小小足球赛》作为足球校歌，带领各个班级的孩子创编自己班级的足球班歌。在音乐课堂加入足球，使孩子们更加喜欢足球，喜爱音乐。	创编
白晓光：《心动足球》是一门以足球为载体，培养孩子积极乐观的健康心理的课程。而沙盘游戏是心理课堂中很受孩子们欢迎的一种方式。这门校本教材实施以来，我尝试着把足球元素融入沙盘，让孩子把足球场中的豪迈激昂和沙盘中的安静沉着有效的结合，孩子们在制作沙盘的过程中回顾赛事，体会心情、感悟心境，从而得到启迪。我带着一、二年级的孩子在沙盘中搭建"足球乐园"，孩子们在玩中学会了团结合作；带着三、四年级的孩子们模拟一场"足球赛事"，孩子们学会了宽容忍让；我也会带着五、六年级的孩子玩一场无限想象的"欢乐足球梦"，他们在游戏中懂得调节情绪、认清自我。我的"足球沙盘"让更多的人知道，原来"足球"不单单属于激烈的绿茵场，它还可以在我们的心理沙盘室里展示出一种优雅的美！	动静结合 调解情绪

续表

内容	提炼
陈玲主任：的确如此，就像四个学科组老师所说的，在具体的实施过程中可以教材整合、创编、情境教学等，根据课程内容和学情灵活地选择教学方法和策略来教学。经验的累积，也让我们的课程活动精彩异常，现在让我们一起欣赏"足球+"课程开放活动的精彩的片段！	
第四环节：课程规划修订 　陈玲主任：每一次观看这段视频我都十分自豪，我们学校代表吉林省迎接全国校园足球示范学校检查，迎接AC米兰进校园活动，得到了社会各界的充分肯定。在课程建设过程中我们一直在不断地完善我们的课程目标、课程内容和课程实施……我们也积累了大量实践性成果。今天，梳理和回顾的过程，实际上也在"倒逼"我们每个参与教师继续雕琢我们自己的"足球+"课程，各个小组在学校总体"足球+"课程纲要基础上，进行了自身课程纲要的制定，我们就选择其中一门课程来修改，有自告奋勇的吗？	
王静：《数字足球》课程纲要介绍。（具体见方案） 陈玲主任：王静老师对数字足球的课程纲进行了简单的阐述，下面请大家以小组为单位，选择其中一处感兴趣的点对《数字足球》课程纲要进行修改。	
陈主任：因为时间有限，我们的讨论暂时到这里，刚才看到每组的讨论都很热烈，小组成员都积极思考发表见解，我也拍了几张照片，现在屏幕上呈现的就是刚才大家讨论的结果，哪个小组先来说一说。	拍照上传
点评修改 　孙彦玲主任：我们组认为课程内容的编排与课时安排应该视实际情况灵活处理和安排，建议标清楚这一单元或者课时内容适用于哪个年段哪册教材哪一单元。	内容调整 课时精细
王天舒：（从内容顺序与知识点谈）	
陈玲主任：也就是说内容上要根据学情，注意内容的调整，课时安排要精细。 　谢勇：我们比较认真地看了《数字足球》教学评价环节。虽然学校总体"足球+"课程纲要不建议咱们采取纸质测验方式进行考核，但是我们认为《数字足球》相对于其他课程知识性更强。我们建议从"课前准备、参与态度、知识掌握、技能应用、成果展示"五方面进行综合测评。考评分"平时考核"和"期末综合评定"两步：平时考核内容为出勤情况、提问检测、作业情况、个体创作；期末综合评定内容为基础知识考核。	方法多样
沙天宝：我觉得缺少自评、互评、教师评价的权重比例。在评价上我们是不是可以再细些呢？（大家谈）	主体多元
陈玲主任：正如两位老师所说考核办法和内容要多样，还应注意权重比例，更要易于操作。我也知道大家还有很多想说的，但是因为时间关系，这次修订就暂时告一段落，今天的研讨结束了，但是我们UMU平台的研修不会停止，大家可在以平台上继续发表自己的见解。	权重比例 易于操作

内容	提炼
陈主任：各位老师，在刚才45分钟的研修中，我们在UNU自学的基础上，对课程目标、课程内容、课程实施、课程评价等进行了进一步的梳理，并以《数字足球》为靶子尝试进行了整改。在课程纲要的修订中，我想我们可以达成如下共识：课程目标是重点，要清晰明确适切，课程内容是载体，要丰富多样，课程实施是关键，要根据不同课程内容灵活选择合适方法，课程评价是难点，要多样多元易于操作。下一阶段请各位老师带着这些思考进一步完善我们的课程纲要，打造属于我们自己的精品校本课程。	课程目标是重点 课程内容是载体 课程实施是关键 课程评价是难点
无限追求　进无止境，课程建设，我们一直在路上。	

基于核心素养的课程体系建构与实践

核心素养，近年来教育话语中的高频词，是指素养结构中居于核心地位或具有统摄功能的成分，是特定社会历史文化背景中价值选择的结果，是我们所期望发展的"必备品格、关键能力和正确价值观"。基于学生发展核心素养的课程建设是落实立德树人根本任务的一项重要举措，也是全面推进素质教育，深化教育领域综合改革的迫切需要，更是学校整体育人教育实践的系统性突破。

一、核心素养下的课程建设的认识及整体构想

核心素养是关于学生知识、技能、情感、态度、价值观等多方面要求的综合表现，是每一名学生获得成功生活、适应个人终生发展和社会发展都需要的、不可或缺的共同素养。中国学生发展核心素养，以科学性、时代性和民族性为基本原则，以培养"全面发展的人"为核心，分为文化基础、自主发展、社会参与三个方面。综合表现为人文底蕴、科学精神、学会学习、健康生活、责任担当、实践创新六大素养，具体细化为国家认同等十八个基本要点。突出强调个人修养、社会关爱、家国情怀，更加注重自主发展、合作参与、实践创新。

中国学生发展核心素养深深根植于中国古老的文化传统之中，着重强调中华优秀传统文化的传承与发展，把核心素养研究根植于中华民族的文化历史土壤，系统落实社会主义核心价值观的基本要求，突出强调社会责任和国家认同，充分体现民族特点，确保立足中国国情、具有中国特色。同时，核心素养又有国际视野，充分借鉴了世界主要国家、国际组织和地区核心素养的研究成果，充分反映未来社会对人才培养的新要求，全面体现先进的教育思想和教育理念，具有前瞻性。而文化基础、自主发展、社会参与三个方面构成的核心素养总框架充分体现了马克思主义关于人的社会性等本质属性的观点，与我国治学、修身、济世的文化传统相呼应，有效整合了个人、社会和国家三个层面对学生发展的要求。

聚焦核心素养，要把"立德树人"作为根本任务。在价值定位方面，核心素养是党的教育方针的具体化，是连接宏观教育理念、培养目标与具体教育教学实践的中间环节。它把对学生德智体美劳全面发展的总体要求和社会主义核心价值观的有关内容具体化、精细化并转化为具体的品格和能力要求，进而贯穿到各学段、融合到各类课程当中，最后体现在学生身上，从中深入回答"立什么德、树什么人"的根本问题，引领课程改革和育人模式变革。

聚焦核心素养，就是聚焦人才培养的关键点。素养应当以人为核心，以育人为根本任务。学生发展核心素养是一套经过系统设计的育人目标框架，其落实需要从整体上推动各教育环节的变革，最终形成以学生发展为核心的完整育人体系。站在整体育人的高度，关注人的现实需要和未来发展，注重开发和挖掘人自身的禀赋和潜能，重视人自身的价值及其实现，更重视发挥全科育人、全程育人、全员育人的作用，学校才会富有蓬勃的生命和无限的创造力。

为了推动指向核心素养的教育变革，学校需要的准备是多方面的。美国课程专家波帕姆所言，课程、教学和评价是教育这一游戏中的三个最重要的竞技场，那么，指向核心素养的教育学校需要在这些核心领域做出巨大的努力，而课程是核心素养落地的根本途径。

学校理念的践行、育人目标的实现以及核心素养的落地都离不开课程建设。课程是学校教育的核心因素，是学校最重要的产品，是学校一切工作最终的物化体现，是一所学校师生能力与水平最有力的物证，是学校的核心竞争力。课程建设是学校工作的关键领域，课程实施是学校内涵发展、教师专业发展和学生全面发展的重要路径。课程的品质影响着学生素养，课程的结构影响着学生的素养结构，构建起科学合理而富有校本特色的课程体系，可以说是落实核心素养的首要前提。

在这样的思考下，学校"十三五"以学生核心素养为圆心，以课程建设为重点，以提高教师课程素养为发展点，挖掘内涵，建构体系，寻找载体，寻求遵循教育发展规律、符合学校发展逻辑和充满教育智慧的现实路径，努力让学校生活带给每一个学生健康成长和完整的生命体验。核心素养下的课程建设，整体建构是以目标的引领为前提，以策略的优化为基础，以问题的解决为根本，以学校与家庭、社区的合作与支持为保障。体现在宏观和微观两个方面：从课程的宏观视野来看，这是系统改进，将核心素养的理念、顶层的设计、学术的方法注入学校的整体结构和运作当中，通过多个层面的互动和变革，有效而持续地达成发展目标；从课程的微观视野来看，是在学校课程运作之中介入新的元素，试图改变原有的一些价值取向和方式方法，以此为课程提供更多可行途径，前瞻性地带动系统层面的改变。

二、学校课程体系的建构和实践

课程体系是指在一定的教育价值理念指导下，将课程的各个构成要素加以排列组合，使各个课程要素在动态过程中统一指向课程体系目标实现的系统。这个系统具有一定的结构性，包含诸多相互联系的要素，在具体分析校情、教师资源、学生需求基础上制订并实施课程方案，包括理念系统、行动系统和评估系统，而且要素之间有内在逻辑关系，描绘并呈现结构化框架。核心素养的落实，需要借助科学合理的课程体系予以保障，这就要求我们必须建立起一个既适合学生整体，又能促进学生个性特色发展和多元发展的课程体系。课程体系的建构体现了一种系统设计、自主建造和整体实施的框架思路，更多突出课程的育人功能、体系结构、实施路径和课程评价的问题，以下从四个方面进行详细解读。

（一）聚焦育人目标，落实核心素养

课程的核心是人，所以我们需要"从育人目标出发，发挥课程的整体育人功能"（陈如平语）。育人目标是课程体系的依据，它规定了课程的内容范围和功能性质。明确的培养目标决定了课程的发展方向，我们所要聚焦的核心素养更要从本校学生的实际出发，将抽象的发展目标具象。

每所学校都有自己的育人目标，那么学校的育人目标与核心素养又是什么关系呢？核心素养界定了学生发展最重要的和最优先的目标，这是所有学校必须要遵循的共性育人目标，而学校提出的育人目标是在共性目标的基础上生成的，基于学校的历史传统、现实基础和未来发展，更加看重而又着力培养的育人目标。因此，学校的育人目标是共性育人目标与个性育人目标的有机统一。学校必须肩负全面整体育人的使命，同时也要追求自己的办学特色和教育特色。

长春汽车经济技术开发区第十二小学是一所新优质学校，多年的传承与发展，坚守和创新，逐步形成了"和谐育人，全面发展"的办学理念，"求

er44rz

"真，思进，向善，达美"的核心价值观，"无限追求，进无止境"的学校精神，"快乐足球，全面发展"的学校特色，努力实现"让每个孩子都能健康奔跑，让每个孩子都能放声歌唱，让每个孩子都能放飞梦想"的培养目标。

学校的育人目标是基于学校文化内生，也是对学校发展状态"基于核心素养"的深度回归、高度提炼和个性认知。审视学校的育人目标，具有十二校烙印的学生，在小学阶段应当表现为怎样的样态呢？结合《中国学生发展核心素养》总体框架，我们把学校原有的育人目标进行了具体化描述，形成了长春汽开区第十二小学"全面发展的人"：

健康体魄：良好的锻炼习惯，基本的体育技能，充满活力与朝气，具有坚定的意志和团队精神。

充实心灵：良好的品德和人格，提高学生艺术素养，悦纳自己，关爱他人，具有爱国之心、感恩之心、同情之心、责任之心。

学习能力：具有基本的学习能力，学会学习，培养学生终身学习的能力、探究能力、合作能力。

良好习惯：养成良好的生活习惯，掌握生存技能，培养学生热爱生活，珍爱生命，具有广泛的兴趣爱好。

课程作为落实核心素养的"跑道"、载体，是学校育人目标达成的核心。对育人目标的理解成为学校课程建设的灵魂，基于核心素养，基于儿童立场，以科学性、时代性、民族性为基本原则，培养全面发展的人，我们不仅要关注知识的传递，更要关注知识背后的育人价值以及传递给学生的核心素养和能力。教育必须培养全面、和谐、完整的人，必须指向人的核心素养，正如苏霍姆林斯基所说："所谓全面和谐发展的人，是精神生活丰富、道德纯洁和体格健全三者和谐结合在一起的人，是高尚的思想信念和科学文化素养融为一体的人，是把对社会的需求和为社会劳动和谐统一起来的人，是在各方面都很饱满的有教养、有文化、成熟和坚强的人。"

（二）优化课程结构，提升学习品质

管理学认为，结构是实现目的的依托，结构能产生效能。课程结构是课程体系的外显形态，是对课程的各种构成要素极其关系的总体反映，既反映着课程内在的价值取向，又是对课程逻辑关系的深层次理解，决定着课程实施的具体形式。课程结构优化实质上是一种学校实践的渐进式变革，这就要求我们考虑课程中的各个领域、板块、课程群是否共同指向了学生的核心素养。学校的课程结构如果建构的好，就能发挥整体育人的结构效能，为学生提供多样性的课程选择，进一步丰富学生的学习经历与学习体验。

根据我区教育局"十三五"教育发展规划纲要中提到的国家课程校本化、地方课程主题化和校本课程特色化，我校根据自身的能力和学科发展水平，结合学生发展目标和实际，有针对性地对课程结构进行立体构建。国家课程的校本化实施是课程实施的主体，拓展课程和特色课程作为有益的补充，充分彰显学校特色和个性化的教育追求，满足不同学生的发展需要。

1.国家课程校本化。

面向全体，夯实基础，采用忠实取向之原则，目标主导模式开发。它是指向学生基本素质的形成和发展，是学生基础性学力、发展性学力、创造性学力共同的扎根之基，是体现国家对公民素质的最基本要求的基础课程。我们突出"厚基础，重整合，有实效"，以满足群体共性发展和核心基础性发展需要。

课程整合，引领成长。所谓课程整合，就是在坚持国家课程改革基本精神和课程标准的前提下，学校根据自身性质、特点和条件，将国家层面上的规划和设计转变为适合本校学生需求的创造性实践，是搭建起课程与学生核心素养之间桥梁的必然选择。其实质就是让国家课程"因地（学校）制宜""因人（师生）制宜"，创造性地执行国家课程实施的调适取向和创生取向，让课程体系真正指向学生的核心素养，引领学生的生命成长。

"三学课堂"，方式变革。课堂是真正发生教育的地方，真正体现专业实践的地方，真正实现学生发展的地方。"三学课堂"是指学生的课堂，学习的课堂和学科的课堂，继承和发扬传统课堂教学的精髓和优势，更新教学观念、树立科学的质量观，改善课堂结构，改进教学行为，丰富教学手段，注重学法指导，加强思维培养，提高学生的学习能力。

深度学习，着力发展。由事实的记忆到相关性理解、拓展性理解，由量的学习到质的学习，让知识学习过程成为学生必备能力和素养习得的过程，倡导小组合作学习，让知识学习和建构的过程成为学生集体交流和相互影响的过程，甚至是创造的过程。唯有成为学生探究与实践的对象时，其学习过程才有可能成为素养的发展过程。

2.地方课程主题化。

面向分层，学会生活，采用相适取向之原则，条件主导模式开发。它是指向学生自主与创新精神、研究与实践能力、合作与发展意识的拓展课程。本课程基于课程社会化的思想，代表学校对教育的基本理解，是学校未来发展与追求目标得以实现的重要载体。我们突出"宽领域，有层次，重选择"，以满足学生个体多样性与发展性需求。

蓓蕾课程，"社"彩缤纷。课程因需而创，自主选择。利用每周三、四、五蓓蕾时间完成。分琴棋与书画、运动与表演、科技与制作、学科与探究四大类别50门精品与草根社团。缤纷社团，和融并进，走班尽显选择性；一班两技，一师一术，班团尽显丰富性。

烙印课程，"深"临其境。此类课程更多蕴含在德育主题活动中，强调切身的参与和体验。主要包括"梦想舞台"精彩不断；"开学课程"成长起航；"毕业课程"难以忘怀；"师生宣言"立德修身；"旅达天下"游学齐飞；"六年六节"非童凡响；"职业体验"责任担当；"晒我生活"暑你最棒；"十二之歌"醉深我情；"汽车之子"传承发展；"晨读之约"品味书香；"阳光课间"欢乐无限……十二小学十二烙印，关注获得，辐射张力。

3.校本课程特色化。

面向个体，彰显个性，采用创生取向之原则，需求主导模式开发。指向开发学生的潜能、促进学生个性发展的特色课程。我们突出"有聚焦，有指向，显个性"，以承载学校育人导向和特色发展功能。

特色课程，全面发展。学校原创的十七门"足球+"校本课程，全学科深度融合，采取课堂学习、专题讲座、主题项目、探究体验等不同方式实施，逐步实现认识足球——体悟足球——认同足球的层次递进目标。我们力求发挥每一门足球课程的育人功能，促进孩子身心发展，用体育精神塑造健全人格。比如，我们的《足球建筑》课程，是跨学科综合化的课程，增强审美意识、足球意识，培养学生动手实践和创新能力。像我们的《心动足球》课程，尝试把足球场景融入心理沙盘，把足球场中的豪迈激情与沙盘中的优雅安静结合起来，积极调节情绪，学会团队合作。

从学校课程结构展开来看，我们从基础性课程、拓展性课程、特色课程三个维度和五大素养进行整体架构，更能保证课程结构的均衡性、多样性和选择性。而在多层次、多角度的课程结构中，"规范"和"创新"是主旋律，"调整"和"创生"是新常态。在强化课程的全面性、基础性、均衡性的同时，更加突出课程设置的多样性、差异性、创新性和可选择性，也更能满足学生学习、生活和个性发展的多样化需求，最终指向学生核心素养的发展。

（三）强化课程实施，促进全面发展

课程实施是将课程规划的"筑梦"愿景与课程设计的"筑梦"方案，转化成为"踏实"的实践过程。课程实施是师生和课程设计者的视界融合过程，是师生与文本的对话和课程意义的创造与生成过程，是师生精神相遇、经验共享的过程。

学校课程实施的根本价值在于促进个体的学习与发展。课程变革的最终目的是使每一个学生具备面向未来负责的、充满不确定性的社会的关键能力和必备品格，学生的这些关键能力和必备品格的发展是衡量学校课程实施的终极价值取向。

1.立德树人，扣好人生的第一粒扣子。

《教育部关于深化课程改革落实立德树人根本任务的意见》中指出："课程是教育思想、教育目标和教育内容的主要载体，集中体现国家意志和社会主义核心价值观，是学校教育教学活动的基本依据，直接影响人才培养质量。"我区教育局"十三五"教育发展规划中，明确提出"以引导广大师生立德树人"，"扣好人生的第一粒扣子"为主线，以"勤学、修德、明辨、笃学"为重点，构建体系完整、科学规范、运行有效的"纽扣教育"体系。我校全面落实立德树人根本任务，立足校园做基点，走进社区成关键，步入社会图拓展。有效整合育人资源，学生在多样化的课程载体中得到健康、全面、个性的发展，弘扬传统文化，培育民族情怀。学校聘请市级非遗项目继承人"关东泥人张"来校为学生上课，还给学生开设了剪纸、草编等课程，组织学生参加"非物质文化遗产传统工艺市民体验活动"，开展了"诗书礼乐，传承经典"和"琴棋书画，样样精彩"的课程活动，组织学生去学军基地、学农基地、学工基地、学雷锋等爱国主义教育基地，进行主题实践课程，传承红色基因，渗透爱国主义教育。

依托一汽沃土，激发爱国精神。我们学校正处于中国汽车工业摇篮——中国第一汽车集团公司这片沃土，这里不仅铸就了"一汽品牌"，更有一脉相承的汽车文化和汽车精神，深刻影响着学生的精神世界。学校开设汽车课程，组织学生走进一汽，走进爸爸妈妈工作的地方，开展"听爷爷奶奶讲那过去的事情"的一汽历史大宣讲活动，参观一汽红旗展馆，通过一个个故事，一张张照片，一样样物件，体悟"共和国长子"这种不屈和敬业，立志为国家之富强而努力读书。

2.立足特色，培植足球精品课程。

学校是一所全国足球示范学校，经历了由足球项目优势到学校特色，再到特色学校的发展轨迹，形成了"快乐足球，全面发展"的鲜明特色，在省市有广泛影响。"十三五"学校申报了《基于学生核心素养的"足球+"校本课程研发和实施的研究》省级课题，在最高层次上寻求学校课程建设的科学思路。我们通过课题引领课程研发——骨干践行做中学思——机制强化教师发展——项目驱动全员参与——团队协作固化成果，在更高的平台上促进学生的全面发展。我们从课程视野下的教学小主张，到学校课程规划的多次修订，再到利用UMU平台进行校本课程纲要再修订的协同研修，我们一直在破解问题，一直在精耕细作，努力培植我们的精品课程。（表6-1）

"足球+"校本课程——快乐追"球"课程设置

递进目标	认识足球	体悟足球	认同足球	实施方式				评价方式
课程名称	课程适应年段			课堂学习	专题讲座	主题项目	探究体验	
	一二年级	三四年级	五六年级					
《足球课堂》		▲	▲	√				等级
《足球踢吧》	▲			√				等级
《球衣炫彩》	▲	▲				√	√	作品
《多彩足球》	▲	▲	▲	√		√		作品
《唱响足球》	▲	▲	▲					等级
《足球偶像》		▲	▲	√	√			等级
《足球精神》		▲	▲			√		等级
《心动足球》	▲	▲	▲				√	等级
《足球科技》			▲	√		√		作品
《指尖足球》			▲			√		作品
《足球视野》	▲	▲	▲	√		√		等级
《足风语韵》		▲	▲			√		作品
《足球神话》		▲	▲			√		等级
《足球史话》	▲	▲			√	√		等级
《数字足球》	▲	▲		√				等级
《足球建筑》		▲	▲			√	√	作品
《足球健康》			▲		√		√	等级

表6-1　足球课程设置表

我们将足球跨学科融合，开发了17门"足球+"学校特色课程群，语文课一起分享足球励志故事，音乐课一起唱响世界杯主题曲，美术课一起创作妙趣横生的"足球宝贝"，数学课一起探索"足球场上的数学"，信息课一起玩转"三D足球"，心理课一起进行一盘沙与一颗心的交流……多姿多彩的足球课程让孩子们快乐足球，全面发展。学校召开"快乐足球 全面发展"足球文化节暨"足球+"课程开放活动，课程中，镜头下，孩子们个性张扬，充满创造，充满潜力，充满智慧，不同学科用不同形式展示"足球+"课程的精彩。我们欣喜地看到，通过课程推进，全校师生、家长都积极行动起来，老师能跨界，家长来参与，丰富多彩的课程和学校活动点亮了学生的校园生活，进一步彰显学校的办学特色。

3.立足学生，创建十二烙印课程。

美国诗人惠特曼曾说："每一个孩子向前走去，他看见最初的东西，那东西也成了他的一部分。""十二烙印"课程就是留给学生的弥足珍贵的"最初的东西"。长春汽车经济技术开发区第十二小学烙印课程是属于长春汽车经济技术开发区第十二小学的专有的课程形态。任何一所学校的课程都会通过一些独特的文化或者活动留在每个孩子的心里，成为他们挥之不去的特殊记忆。我们把最具代表性的美好瞬间浓缩为"十二烙印"课程，这些成为他们成长的烙印，成为他们人生最美的童年记忆。（表6-2）

十二小学"烙印课堂"实施表

课程名称	梦想舞台	开学课程	毕业课程	师生宣言	旅达天下	六年六节	职业体验	晒我生活	十二之歌	汽车之子	晨读之约	阳光课间
课程目标	学习能力　充实心灵　健康体魄　良好习惯											
适用年段	3-6	全体	毕业班	全体	全体	全体	4-6	全体	全体	全体	全体	全体
主要内容	升旗仪式 国旗讲话 才艺展示	开学典礼 入学教育 开学计划	毕业典礼 走进中学 感动瞬间	学生誓言 师德宣誓	亲子共游 出门看世界 社会实践 研学旅行	文化节 艺术节 英语节 读书节 科技节 足球节	小交警 小老师 小记者 服务者 走进社区	寒暑假生活	校歌班歌 红色经典	汽车文化 汽车历史 汽车宣传 汽车设计	经典诵读 名家名言 读大家 悟自己	足球 跳绳 跑步 ……
修习方式	主题活动	主题活动 专题讲座	主题项目 专题讲座	主题活动	家庭活动 主题活动	项目协同	探究体验 专题讲座	家庭活动	主题活动	课堂学习 主题项目	课堂学习 主题项目	常规活动
评价方式	主题展示	习惯养成 指导手册	习惯养成 指导手册	主题展示	作品展示 活动记录	等级评价 作品展示	等级评价	作品展示	班级展示	作品展示	班级展示	班级展示

表6-2　"烙印课程"实施表

有个教育家曾这样给课程做了一个等式：课程=课+程。也就是说课程既是有理念、有目标、有内容的"课",又是有实施、有评价、有管理的"程"。更准确、更具体地说,课程应该是一个过程,是一个有主体的活动探究过程;课程也应该是一个平台,是一个可以让学生都能发现自我、完善自我、找到自信的平台,可以让每个学生都能出彩的舞台。真正有意义、有价值的课程是一所学校的生命力所在,是每一位教师教育智慧的结晶,更是每一个学生走向幸福人生的跑道。

4.立足学科,拓展课程开发之路。

立足学科,强化提供学习的丰富性和多样性,完善课程要素,积累过程素材,形成丰厚的课程资源,开发学生个性潜能,培养学生的创新精神和实践能力。

我们以科学学科为例进行说明:

2015年12月修订的《小学科学(1-6年级)课程标准》三个新增:新增技术与工程学,如果用现在STEAM的体系结构来看,明确了T和E,即技术和工程的重要性;新增三个学段的进阶,划分为1-2年级、3-4年级、5-6年级三个学段,阶段知识更细化。1-2年级也将有科学课;新增对社会与环境的责任,不仅仅是科学技术在现实上的应用,还新增了科学技术对伦理、环境、生活影响的思考。所以我们开发STEAM课程,而STEAM教育核心理念就是:所有的学科都可以也应该相互连接,学生需要了解各种知识和技能是如何在解决真实地世界问题时相互连接和交叉的。

再以学科间主题整合为例进行说明:

主题《身边的小动物》;整合是科学课、美术课和语文课;课时:60分钟(大课)。科学课学习观察金鱼,采用正确的观察方法和顺序,重点观察金鱼的结构;美术课教学内容是《红色的画》,按照科学课的观察方法和顺序,继续以金鱼为主题引导学生完成美术作品,重点关注金鱼的色彩;语文课回顾《翠鸟》的写作顺序,老师再引领学生仿写《金鱼》,最后让学生再选择身边熟悉的小动物写作,最后展示、贴板报。对于《金鱼》这一内容,科学课着重于结构的观察、习性的学习,美术课完成了色彩的观察、构图的表达,语文课就可以更高效进行读写结合的学习。

学校课程守正出新,将核心素养育人目标落地学科,在注重主要学科个性的前提下,呼唤学科间的统整,加强各学科间的链接。由单学科拓展到多学科的课程整合,再到跨学科、综合化的课程,学校的课程建设也由全面实施阶段过渡到全面深化阶段。

（四）重视课程评价，保障育人效果

课程评价对学校课程起到导向和质量监控的作用，我们从教师成长发展性评价和学生成长发展性评价两个维度考量，尝试建立以目标为中心的课程设计评价、以过程为中心的课程实施评价、以结果为中心的课程效果评价体系。

"评价量表 问诊课堂"——我们的课堂观察维度、匠心课堂评价标准、学科质量分析报告、校本课程评级问卷、蓓蕾课程检查量表……这些都在帮助我们把脉课程。

"榜样引领 全面发展"——学校一楼的"星光长廊"，是从我们学校走出去的学生，在各自领域有成就的体育人，激励学生成长。二楼的"全面发展的人"评价，从四个方面八个单项进行评选，树立身边的榜样。

"搭建平台 充分展示"——为孩子搭建展示的平台，为师生创造交流的机会，独具魅力的课程，让每一个人都畅享着成长的幸福。

朱熹说：小立课程，大作功夫。课程本身所承载的历史、文化特性和国家意志实际上是一个广阔的意识形态和文化系统。课程的建设必须回归到教育的"育人"这一本质上来，基于核心素养的学校课程建设搭建起课程体系与学生成长之间的桥梁，立足于学生需求、尊重学生选择、学生全程参与的，培养全面发展的人，让每个学生都有选择课程的权利，让每个学生都有自己喜欢的课程，这样才能保证我们所构建与实施的课程真正能够为学生提供品德形成、潜能开发、身心发展、艺术审美、综合实践等方面的学习经历，真正帮助学生实现知识传承、能力发展、积极情感形成的统一。

"和谐课程"要有更高的立意和追求

课程是学校教育教学思想、目标、理念、知识、经验的载体和集合体，具有实体性；是学校办学理念（育人目标）和教育内容转化为教师和学生行为的纽带，学校连接国家、社会和家长的桥梁，具有中介性；是学校教学活动的依据，为教学活动的开展提供规划、方案、标准和蓝图，具有标杆性。可以说，学校改革发展的根本在于课程改革。学校在全面落实国家课程、地方课程的基础上，在更高层次上寻求学校课程建设的科学思路，更好发挥课程在育人体系中的作用。

一、课程理念，精绘发展

"和谐课程"的基本理念是以"人的全面发展"为本。以学生核心素养发展为根本，坚持全体学生的全面发展，促进学生个体健康、和谐、可持续发展；以推进教师专业发展为目的，促进团队合作与研讨，发挥专业引领，体现学术魅力；以办学改革为宗旨，课程为学校变革之载体，不断地通过提升课程理念来改变教育教学观念，建设学校特色。概括起来即是：和谐课程"奠基学生核心素养，推进教师专业发展，指向学校办学改革"。

"和谐课程"始终关注学生在成长过程中品德、人格的养成与提升，充分了解和尊重每位学生的个性差异，通过课程体系的构建与实施，为学生提供品德形成与人格发展、潜能开发与认知发展、身体与心理发展、艺术审美、综合实践等方面的学习经历，帮助学生在学习过程中体验、感悟、建构丰富的学习经验，为后续发展奠基，为全面发展创造条件。学校不断发掘有利于学生的成长元素，如：梦想舞台，精彩不断；传统节日，传承发展；蓓蕾绽放，馨香似溢；六一研学，难以忘怀；实践作业，创意无限……展馆课程深受学生喜欢，参观一汽红旗文化展馆，一睹"红旗"的风采。参观方舟美术馆，开展"追寻五四百年情 放飞十二少年梦纪念五四运动100周年"主题课程。到吉林省博物馆开展"游省博、爱家乡"社会实践活动，丰富学生的学习经历。"嗨！足球约起来"118场全员足球课程，增强体质，锤炼意志；"致敬祖国——奔跑吧，十二少年！"跑操课程，强健了体魄，培养了团队合作精神；与吉林省戏曲剧院京剧团一起开展"京剧进校园"课程，学生领略国粹艺术及文化魅力，增强对传统文化的认同感。还有非遗进校园、校园好歌声、汽车写生等课程，关注学生的学习需求，关注学习方式的场景性和灵活性，彰显出学校尊重生命、立德树人的人文情怀。

二、课程结构，提升质感

现代课程观的核心价值观是实现每个学生的有效发展。所谓有效发展，应该是在普遍性发展的前提下，适应其身心发展特点和潜能的适得其所的发展。"和谐课程"分为三大类别：基础型课程（国家课程和地方课程）、拓展型课程、特色型课程。基础型课程代表国家的意志，体现国家对公民素质的最基本要求，着眼于促进学生基本素质的发展，关注每个学生应该有的共同学习经历。拓展型课程代表学校对教育的基本理解，是学校未来发展与追求目标得以实现的重要载体，关注学生"兴趣、情趣、志趣"的个体多样体验。特色课程体现学校的办学特色，整体呈现出来的体现自己文化的课程架构，深化"快乐足球 全面发展"的足球内涵，关注学生的个性成长。

"和谐课程"有生命里美好的童年记忆，学校把学校的和谐文化融入课程，让时空展现出生命成长的气息和灵动。和谐文化课程是对教育的思考，对理念的凝练，对成长的关爱。学校正厅以足球为元素，融合了学校的培养目标、办学理念、核心价值观和学校精神，也是学生作品的展区，让孩子们的学习作品的形成、展示、发布、分享成为校园里最美的景观。教育楼一楼"放飞梦想 快乐起航"、二楼"诗书礼乐 传承经典"、三楼"纽扣教育 润泽童年"文化主题鲜明突出。办公区的"星光长廊""全面发展"和"十二烙印"张扬生命活力。（图6-1）

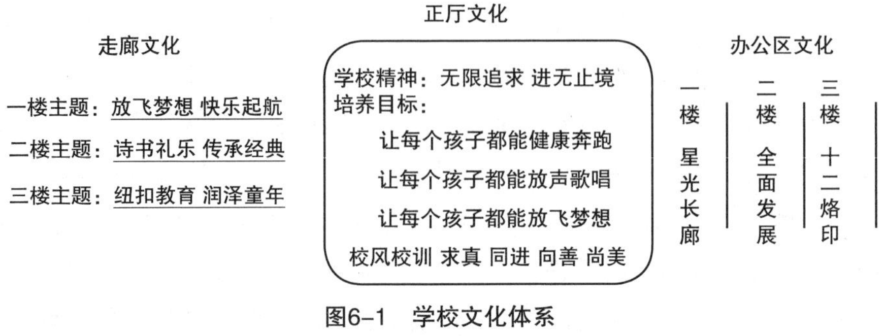

正厅文化

走廊文化

一楼主题：放飞梦想 快乐起航
二楼主题：诗书礼乐 传承经典
三楼主题：纽扣教育 润泽童年

学校精神：无限追求 进无止境
培养目标：
让每个孩子都能健康奔跑
让每个孩子都能放声歌唱
让每个孩子都能放飞梦想
校风校训 求真 同进 向善 尚美

办公区文化

一楼 星光长廊　二楼 全面发展　三楼 十二烙印

图6-1　学校文化体系

三、课程实施，激发想象

课程实施是一个持续发展、充满想象力的过程，更是为学生提供高品质学习的过程。高品质学习是衡量一所学校教育境界的一个指标，是一所学校的"育人"含金量。高品质学习在于激发想象、鼓励崇高、丰富经历、温暖心灵、强健身心、点亮人生；高品质学习在于宏观思想、国际视野、发展理性、问题思维、跨界联系、面向未来；高品质学习在于具有参与学校课程变革的能力，共享学习权利，成为学习研究者，能够从广阔、真实的世界舞台出发，带着思考走入日常学习。视野与志愿会增加孩子的责任感和学习兴趣，让他们真正理解学习的意义。

马云在"共创未来的学校领导者——第14届国际校长联盟大会者"上说，从工业时代到数据时代，是两个完全不同的时代。工业时代是知识驱动，知识的竞争；而数据时代，是智慧驱动，是创造力和想象力的竞争，是领导力、担当力、责任的竞争，是独立思考的竞争。工业时代是自己强大，数据时代让别人强大；工业时代是比拼力量、肌肉，所以男性占优势；数据时代是比拼体验，女性占优势。工业时代，人类探索外部世界，甚至宇宙；数据时代，人类有能力探索自身，了解自己……

北京十一学校李希贵校长认为课程是经典的社会生活的浓缩，帮助孩子在每一个年龄段展开人生的宽度。他们开发课程的两个维度：1.社会生活的各个领域和各种情形。2.每个不同学习方式的学生，以及基于他们未来不同的成长路径，有可能需要的社会场景。

课程是经典的社会生活的浓缩						
分层课程	分类课程	层类融合	综合课程	游学课程	特需课程	家校共建课程
数学 科学 物理 化学 生物 经济学	球类 艺术类 技术类 历史 地理 高端项目研究	语文 英语 多语种 政治 法学 心理学	社区服务 电影课程 俱乐部课程 财物理论 知识论 校际活动课程 产品交易会 校园银行 吉尼斯 男生女生课程	社会研究 区域专题研究 民族风情研究 大自然研究 行业专题研究 营地客户才能	台球 残疾儿童课程 智障课程 自闭症课程 英才课程 大学先修课程	烹饪 烘焙 家政课程 栽培课程 爷爷奶奶（外公外婆）日 传统节日课程 贵重物品保管 理财 旅行管理
帮助孩子在每一个年龄段展开人生的宽度						

四、课程思考，蓄势期远

2019年10月17日，崔允漷教授在华东师大68周年校庆报告会上，以一位中国基础教育课程改革策划者、先行者的视角，带来了一场题为"中国基础教育课程改革：成就与问题"的学术报告，在回归了课程改革的前因后果与发展历程之后，崔教师指出其"初心"正是为了解决当代教育的各种问题，而这些都可以归结为课程改革的核心理念——"为了每一位学生的发展"。

构建起一个开放、科学、现代化且有中国特色的课程体系，需要一代代课程人不断深耕研究，用于实践。我们学校在"和谐课程"建设中也有几点思考：1.基于学科核心素养的课程设计路径。经过了知识导向——能力导向——素养导向的历程，"和谐课程"也从课程体系的整体建构，到多学科的课程整合，向跨学科、综合化的课程发展。2.聚焦"校本课程建设"的本质。以学校为本位，适应于学校已有办学特色的学科课程的开发与实施。把学生喜欢和学生需求作为课程内容的首要标准和发展动力。源头清、特色亮、逻辑性、有挑战、经验性、无止境是"和谐课程"的校本追求。3.高水平的课程设计有课程规划，顶层设计清晰，呈现学校的育人方向与核心特征，课程目标体现清晰而独特的学生核心素养，课程设置与课程目标间有实质关联，可见的学习结果。4."想为"与"可为"之间，要充分考虑人力资源、人文资源、物质资源等因素，适得其所地发展。

第七章　和谐发展：历练与成长

校本显特色，和谐谋发展。长春汽车经济技术开发区第十二小学秉承"办车城百姓家门口的优质学校，让教育公平的阳光洒向幸福家园"的教育理想，以"和谐教育奠基幸福人生"为办学理念，学校"和谐发展"，构建育人模式新生态，深耕"和谐文化"，形成教育治理新格局，打造"和谐课程"，提升科学发展新高度，启动"和谐生长"，实现教师教育新发展……办公平而有质量的教育，育全面而有个性的学生，长春汽车经济技术开发区第十二小学人以和谐的姿态，书写着和谐的奋进之笔。

身处转型发展中的我们，有幸见证并成长其中，责任与使命同在，思考与践行同行！作为一名校长，我深知应该有理论的高度，有专业的底气，有文化的厚度，更应有生命的情怀。所以我始终注重自身素质的提高，始终加强学习和研修，始终用先进的理念和科学的规律来引领学校的发展。我相信，更优质、更公平、更加可持续发展的和谐教育之路，就在我们脚下！而我则要以更高站位，更大格局，更多担当，更积极主动作为，做教育的追梦人！

最是书香能致远

——我的读书之旅

"最是书香能致远"是苏东坡的名句，字面的意思是"书的香气最能传得悠远"，对于这句诗每个人都有自己的解读，而我作为一名教育人更有自己的体验和感悟。行进在教育的路上，有书香做伴，工作就会多一份乐趣，情感就会多一份高尚，成长就会多一份睿智，人生就会多一份精彩！

一、书香能致远，实现生命成长

关于书，每一个读书人都希望用最华美的文字来形容它，文学家、哲学家、教育家对此都有很精辟的阐述：如杜威的"读书是一种探险，如探新大陆"；佛兰西的"读书是魂灵的壮游"；歌德的"读一本好书，就是与一位高尚的人谈话"；朱永新的"阅读，让全民族精神起来！"……

作为一名教育工作者，读书不仅仅是凭着自然的喜好在读书，更是有意识地读书，有责任地读书。我发现很多优秀的教育人在谈到他们的成长时，都会提到得益于读书的体会。著名的教育改革家魏书生认为，有两本书对他的影响很大，一本是艾思奇的《辩证唯物主义讲课提纲》，另一本是成人学院编的哲学通俗读物，帮助他形成了认识论和方法论。现任苏州大学附中校长的高万翔先生，是一位全国知名的校长，也是一个爱书人。他在担任张家港高级中学校长期间，不仅自己书不离手，而且带领全校教师，努力读书，营造了良好的校园读书氛围。清华大学附小副校长窦桂梅博客上的一篇博文《在阅读中经营生活》"一个人的最佳读书状态应该是一种'随时'状态。不读书，无以教，不读书，无以言……要在阅读中经营生活，与书成为朋友。"……读书对我而言是自我成长的一种内在思辨，是游弋人生幸福之水的一叶兰舟，是一种诗意美好的人生境界，所以读书的过程是在寻求生命成长的支撑。

读《苏霍姆林斯基选集》，我可以聆听到许多脍炙人口的有益教诲，可以汲取到许多用来丰富和指导自己工作的理论和经验，它可以作为一面如何做人的镜子，给人以启迪，更是一部全面培养人的教科书，给人以借鉴。

读《陶行知教育名著》，我的心灵会受到洗礼，"爱满天下"是陶行知先生毕生追求的教育真谛；"热爱每一个学生"这是陶行知的人生格言；他的"捧着一颗心来，不带半根草去"的敬业精神让人感动，我也为之折服。

读《斯宾塞的快乐教育》，书中斯宾塞先生用朴实的语言描述了许多有趣的小事例，向我们证明教育是一件快乐的事，展示了一位仁慈而睿智的父亲、一位伟大的英国思想家的教育理念和教育过程，给了我很大的启示。

读日本女作家黑柳彻子《窗边的小豆豆》，我们知道平等地对待每一名学生，多个角度欣赏每一名学生是多么伟大的教育情怀；读郑杰校长的《给教师的一百条新建议》，让我对教师这份职业的选择多了一份安慰，多了一份理解，多了一份追求；读《爱的教育》有泪有笑，但在心底一直涌动着的是融融的爱意，暖暖的感动；读《新教育之梦》，带给我更多的是憧憬，是信心，是思考，更是心灵深处的豁然开朗……

沉浸书乡，熏染墨香，有意识地在繁杂的工作之余静下心读一读书，给自己荒芜的心灵找一块绿洲，静静地与名家促膝交谈，快乐地和作者交流思想，使自己在浮躁的世界里有一块属于自己的读书领地，让心灵得到荡涤，让灵魂得以净化，让人格得以升华。当我从书中享受着千般品格的时候，自己也便拥有了更高尚的情怀，人生的境界更为广阔。

二、书香能致远，追问教育本质

我不是"生而知之者"，甚至连"学而知之者"都不是，但我权作一个"困而知之者"吧。读书能"致远"，更深层次和更深远的意义在于帮助我寻求教育的方向。

关于教育本质的追问，教育家有诸多论述，可谓见仁见智，每个做教育的人也都有自己的思考。比较经典的有叶圣陶先生所说的："教育是农业而不是工业。"怀特海的"教育是既见树木又见森林的过程。"还有"教育即解放"，"教育是对人的成全"，"教育是面向心灵成长的活动，是师生精神生活的过程"，"教育是一个价值引导与自主建构相统一的过程"……

我对教育的理解受启发于肖川教授的《教育的力量》这本书。古朴的书皮上除了书名和作者外，有一支出淤泥而不染的荷花，还写了一段话："我敢肯定地说，良好的教育一定能够给无助的心灵带来希望，给稚嫩的双手带来力量，给蒙迷的双眼带来清明，给孱弱的身躯带来强健，给弯曲的脊梁带来挺拔，给卑琐的人们带来自信。而一个拥有希望、力量和自信的人，最有可能成为生活的创造者和社会的建设者。"我想，这就是这本书的主线和灵魂。教育要促进作为具体的、活生生的、个体的人的发展，这是教育最重要、最核心的职能。

立足于本校的现实土壤，我们确定了学校的办学理念——和谐教育奠基幸福人生。我们教育追求的本质就是求真的知识世界、向善的人际世界和美好的心灵世界。我们不仅要为学生继续上一级学习打好学科的基础，还要为学生一生的发展打好基础，更重要的是为学生一生的幸福打好基础。我们各项工作要关注人性，关注共赢，关注幸福。真正关注教师和学生校园生活的质量，以幸福教师培养幸福学生，切实为幸福人生奠基。基于这样的思考，我们明确提出了小学阶段的培养目标——课堂：因有效学习而幸福；体艺：因自主选择而幸福；育人：因文明高尚而幸福；阅读：因文化滋养而幸福；评价：因积极体验而幸福。经过几年的努力，显现出初步的效果，师生脸上洋溢的幸福笑容是我们践行办学理念最好的成果，也是学校办学理念丰富和完善的持续动力。

读书能"致远"，深广的阅读让我们能从更多元的角度和更宽广的层面看待教育，对教育有更多的理解。多读一本书，就能多一分智慧，多看一篇文章，就能多一点思路，这是读书赐予的丰厚和美好。

三、书香能致远，引领教育实践。

读书能让我们在理论上明白，收获心灵的震撼，仿佛到了心灵更深处。读书更能让我们在实践上清楚，教育的历程陡然加宽，遵循教育教学规律来办学。

我一直在思考学校到底是什么样的地方？答案很多，但当有一天我读了美国著名教育家江夫曼特写的一本书叫《一个被称为学校的地方》，他的结论是"只有具有文化品位和精神感召力的地方才能称为学校。"读后我茅塞顿开，于是带领我们全体长春汽车经济技术开发区第十二小学人打造学校的和谐文化。学校的和谐文化多次在省、市做经验介绍，长春教育也对我们学校进行了宣传，题目是《立足和谐发展，谱写校园新篇》。

苏霍姆林斯基在谈到读书对于一个学校的意义时说："要创造爱书和尊重书的气氛，要对书怀有崇敬的感情——学校和教育工作的实质就在于此。"我想这是校长的责任，也是一个读书人的责任。所以，我们学校开展的"让读书成为习惯，让书香飘溢校园，让生命光彩照人"的学生读书活动蓬勃热烈，隆重举办的"最是书香能致远"教师读书节品位高雅，创设的"凝思静品"书吧深受教师喜爱，"润香园"等书香办公室就像一个个小型图书馆。学校二楼开放的读书空间深受学生喜爱，每到课间或午休的时候都是学生自由阅读的时间，学生手捧好书聚精会神地读书姿态是校园最美的姿态。我们倡导每一个家庭建立"家庭图书角"，开展家庭读书乐活动，亲子共读汇报，家长和孩子一起进行的诗朗诵深深地感染着我们每个人。我们开展"换一本书，交一个友" 活动激发读书热情，组织"图书超市""图书漂流"活动丰富读书形式，召开故事会、经典诵读比赛等活动搭建展示的平台……书香正如一股暗流在涌动，它必将在我校掀起更为广泛的读书热潮，带给孩子的是终身受益的气质和精神记忆。

最是书香能致远，这是一种力量，能让校园的师生感受到一种责任，秉承一种精神，这更是一种生长，这种生长是基于学校历史、现实和未来的考量所作出的理性实践。让我们始终保持耕读人家的本色，做到博学而笃志，切问而近思，为师生的幸福人生奠基！

做一个真正读书的教育人

作为校长，站在新时代的路口，我们的教育将走向何方?我们立什么德树什么人?我们将如何运筹未来?这种新时代新教有的外在诉求和新使命新思考的内生动力，都要求我们校长不断深化理论认知，强化实践反思，内化思行升华，做一个读书的教育人。下面，我从三个方面和大家交流:

一、博学于文，以读书人的姿态站立他人面前

古人读书有三昧:"读经味如稻粱，读史味如肴馔，读诸子百家味如醯醢"。读不同的书，有不同的味道，或如吃米面般之必需，或美味佳肴般可口，或调味品般五味俱全，捧一卷书，品千般味，眼中有星辰大海，胸中有丘壑万千，用内心的蓬勃与丰富，守望着读书人的幸福。

而我们有幸生活在一个开始走向富足，追求品位的时代，无论看《诗词大会》腹有诗书的董卿口吐莲花，还是听复旦大学美女教授陈果的魅力演讲，那不仅是一名有阅历的高知女性的人生沉淀，更是读书人自带光环的独有属性——文化的气度和韵味。其实，"为学与为人，其道一也"，那就是洒脱通达的境界，有高尚的品格和品位，有高远的志向和追求，有高明的思想和见地，我虽不能至，但在求索的路上，怀揣一颗真诚的心……

二、温故知新，承载不灭的光源迈步向前

去年我有幸去国家博物馆参观了《伟大的变革——庆祝改革开放40周年大型展览》，看到了中华民族从站起来、富起来到强起来的伟大飞跃，尤其是中国教育波澜壮阔的40年，我们从历史、文化、过去的成长与发展中，寻找原点，汲取力量。

在"温故"的基础上，我们放眼未来，我们的教育需要有更高的立意和追求，我们需要有内涵、有根、有魂的现代化教育。作为校长，更要有精神的"根基"，有实践的"土壤"，有逻辑的"灵魂"，有感召的"生命"，让我们的思维教育化、思考现代化、思路专业化。我们都是教育的追梦人，

读书意味着我们还在追求，还在奋斗，还有困惑，还在寻找另一种可能，另一种教育方式。读书，就是一束光，照亮我们前进的方向，成为我们内心里不灭的光源。

三、修己以敬，为了生命的自由舒展和心灵的光明向好

作为校长，我们不仅要修养自己把自己活成一个有建设性的人，更要把这份对书的敬畏和恭敬带到学校，带给学生。

苏霍姆林斯基在谈到读书对于一个学校的意义时说："要创造爱书和尊重书的气氛，要对书怀有崇敬的感情——学校和教育工作的实质就在于此"。郎朗书声、晏晏笑语本就是校园应有的样子，学生手捧图书认真阅读的画面是校园最美的风景，而这是校长的责任，一个读书的教育人的责任。所以本学期开学第一周我们学校就开展了"最是读书能致远"图书漂流活动"，"好书推荐"展板也摆在了学校大厅显赫的位置。今年是"万世师表"孔子2570周年诞辰，所以今年全校教师精读《论语》，我刚才所说的博学于文、温故知新和修己以敬皆出自《论语》，让我们在圣贤的光芒下学习成长，使学校成为具有文化品位和精神感召力的地方。

最后我想说：立身以立学为本，立学以读书为根。让我们始终保持耕读人家和一介书生的本色，做到博学而笃志，切问而近思。读万卷书，行万里路，做一个真正读书的教育人。

教育行走写思录

如果让我分享一下写作遗憾的话，那么就是写得太少，很多生活中、工作中的小美好、小幸福、小欢喜，那种即时而过的心动，那种生命中的感动，那种有力量的行动，很多都没有及时记录下来，随着时间的推移逐渐地模糊或者淡忘，很可惜。教育其实很美，生活其实更美，把教育者的美好体验，云卷云舒的从容感悟记录下来，让岁月留下痕迹，让生命更多回味。

都说校长要谋大事、做小事、讲故事，下面我和大家分享一下与我自己写作有强关联的三个写作故事：

第一个故事：我的第一本文字汇编——见真见诚

这本《做最好的自己》汇编完成时间是2005年10月，现在看起来时间有些久远，但确是见真见诚之作，收录了我在长春汽车经济技术开发区第一小学当教学校长写的22篇论文（姑且把它称为论文）。当时还算年轻的我有着一颗古朴的心，很喜欢王树英著的《非凡人生——季羡林先生》这本书的样式，于是手工做了一本。现在读起来都感觉到很温暖，很独特，很珍贵。正如我在汇编的自序中写到"我把这本书献给我自己，希望记录下自己成长的足迹，我的足迹，印在洁白的纸张上，像一个个实在的邮戳——于是，我就是把那纯洁的年代和真诚的心寄给了自己。"

这个故事，我想说的是，学校作为最生动活泼的教育现场，每天都在发生着有趣有料的故事，有很多精彩鲜活的做法，我们把它写下来，记下来，就是学校教育行走的记录，就是最美的教育风景。

第二个故事，我的第一篇真正意义的论文——见深见厚

刚才我说在长春汽车经济技术开发区实验小学写的这22篇文章，回头审视，有一些只能作为经验材料，而不是论文，我认为最重要的一点，就是缺少理论的根基和厚度。我的第一篇真正意义的论文是《学校和谐文化建设的研究——一所小学的行动个案》，完成于2012年，三万多字，是我在东北师范大学读教育硕士的论文，它的意义就在于让我知道了查阅文献和理论学习的重要性，知道了从多维视角阐述概念，从多个层面解析结构，突出整体

意义架构，在一个理论框架内完成自己的论文。我把学校和谐文化建设，以三年为一个周期，真实地呈现了两个阶段完整行动研究的过程，也从学生、教师、学校三个维度对成效进行分析，提出实践的策略，并对整个行动研究过程进行反思。虽然这篇论文也有很多的问题，但可以说有些学术论文的样子。

分享这个故事，我想说的是跟随理性做教育研究，在我们的文字中适当适时地阐述相关的教育理论，把视野投向更为广阔的理论天地，让我们的文字有些学术的意蕴，我们的文字也就从"无根漂泊"到"落地生根"。

第三个故事，给文字安个家——见成见果

去年搬了新家，也给自己原来散落在家里、学校角角落落的公开发表文章的那些书，整齐地放在新家的书柜上，居然也放满了一个开放格，很是开心。再读那些文字，虽无细腻激扬的文采，也无凭借生花的妙笔，但却一次次激荡着我的内心，让我明白生命的流速，也让我懂得那是教育赐予我的丰厚和踏实。透过岁月，静静品读，那是我人生独特而珍贵的财富。

这个故事，我想说的是如果能把我们的教育实践，教育论文能变成墨香，于别人发挥更广泛的作用，于自己是与心灵的对话，让我们的文字有一安放之地，也让我们的心有一安放之处。

我分享三个写作故事，从见真见诚的实践，到见深见厚的理论，再到见成见果的融合，是我的写作历程，也是教育行走的记录。新时代，提品质，教育何为，教育写作何为，我想还回到我们开始的"如果……那么……"的行动逻辑来结束。

如果我们的实践既能继承发展，又能与时俱进，那么我们的写作才会有血有肉，有情有义；

如果我们的理论既有国际视野，又扎根中国土壤，那么我们的写作才能有根有源，有道有理；

如果我们的成果既会广泛应用，又会反思前行，那么我们的写作才有价有值，有诗和远方！

一点浅见，不当之处，还恳请批评指正。

亲近附小，感受教育变革的力量

——东北师范大学附属小学培训总结

为期一个月的东北师范大学附属小学学习结束了，我的内心充实而快乐，始终都被一种真实而幸福的感觉充盈着。我不仅带着一份虔诚带着强烈的渴望走"进"了东北师范大学附属小学，而且能那么"近"距离地感受东北师范大学附属小学，真切地触摸到东北师范大学附属小学，让我觉得这个多雪的冬天都是那样的美好！

每天当自己一走进东北师范大学附属小学，就会被一种磁场深深吸引，就会不自觉地被感染、被升华。看着孩子们满脸灿烂地在美妙的开放空间里学习、活动的时候，看到在升旗的时候，全校师生大声喊出"诚实做人，踏实做事"的校训的时候，听到孩子们发自心底唱出纯净的歌声的时候，我心底就会涌起一丝久违的感动。走过办公室，看到那么多的领导和教师孜孜不倦、兢兢业业的备课、学习的身影，我从心底油然升起深深的敬意……置身于附小校园，我随时都能感受到人与人之间的"以诚相处，以礼相待"的和谐与默契，感受到生机、活力与坦诚豁达的幸福与满足，我想"附小"之所以成为众人仰慕的学校，是因为学校内到处弥漫的这种浓浓的独特高雅的附小文化。

随着东北师范大学附属小学学习的深入，有三副图像在我的头脑中渐渐清晰：

一、奋力奔跑的人——附小人的工作状态

在东北师范大学附属小学一个月，我们听到领导和老师说得最多的感受就是：跑。东北师范大学附属小学人提出的工作理念是：追求卓越，尽善尽美。附小人在熊梅校长的带领下不断挑战自我，不断开发潜能，不停地奔跑，使附小人成为思想的奔跑者。

这个奋力奔跑的人，她的头脑就是熊校长提出的"开放式 个性化"的办学指导思想，听了熊校长的《办学理念的形成与践行——东北师大附小开放

式 个性化办学理念的实践探索》报告，让我对东北师范大学附属小学近10年跨越式发展，集团化趋势有了更明晰的认识，这一理念已经渗透到学校的各个角落，渗透到师生的意识里。

这个奋力奔跑的人，她的心脏就是教育科研。附小从优秀到卓越，正是通过教育科研探索规律，指导实践。学术引领是东北师范大学附属小学最具内涵的教师管理，东北师范大学附属小学为教师营造一个自由、合作的学术研讨氛围，促进教师专业自主、充分地发展。东北师范大学附属小学经常有省市各种研讨活动举行，我参加了"吉林省小学品德与生活教研教学工作研讨会"，很有指导意义。东北师范大学附属小学教师经常有研究成果的发布，我参加了《道德教材本土化、校本化处理——最后一轮教材开发课堂检验》活动，很受启发。《锐意改革，勇于实践，自主创新，科研强校——东师附小教育科研10年概览》展板记录了东北师范大学附属小学人教育研究的历程，东北师范大学附属小学不愧是"示范一方，影响全国"的教育研究示范校。

奔跑着的人的双臂，我认为一个是教学，一个是德育。东北师范大学附属小学的教学扎实有效，东北师范大学附属小学的教师在研究中教学。我有幸在东北师范大学附属小学参加了3次集体备课，听了33节课，其中本部参加了学年教研课听了5节课，听了熊校长的3节评课，参加了第六届"青蓝杯"课堂教学大赛，听了14节课，参与了说课和答辩环节。深入班级听了3节随堂课，2节综合实践课，1节班会课。我还有幸参加了东师中信实验学校"希望之光工程"教学观摩研讨活动，听了4节课，感受了说课、评课的全过程。在东北师范大学第二附属小学，我参与了刘泳主任参加两岸四地研讨课《别让七块钱买走一天的快乐》的最后一次试讲，全程参与研讨过程。附小的德育活动更是丰富多彩，无论是本部的"养成良好习惯，争做四好少年"文明礼仪活动，东北师范大学第二附属小学的"乘着歌声的翅膀——合唱节颁奖演出"，还是东师中信实验学校—中信附小的"好习惯达标争章"活动都让我们有很深的感受——东北师范大学附属小学的孩子是幸福的。

奔跑者人的双腿，也就是有力支撑，我认为一个是学校的内部管理，组织有序，工作有法。一个是教师队伍，专业团队，迅速成长。

二、根深叶茂的树——附小人的体系架构

东北师范大学附属小学一个月的学习，让我深刻地感受到，新一代东北师范大学附属小学人在继承中创新，把前人的事做得更好，做前人未做过的事，用更加坚定的步伐和无限的激情，带着国际化的视野和信心，创生着学校的文化，创造着教育的未来，使学校这棵大树枝叶繁茂，蓬勃而有生命力。

作为一名学校管理者，在感叹东北师范大学附属小学人创造的新境界的同时，我会思考，附小人创造的辉煌会在怎样的体系中进行，又会有怎样的实践模式，可以复制的成功方法是什么？我们一所发展中的学校能借鉴哪些思维方式？……

听了东北师范大学附属小学三个校区领导们的讲座与交流，六个部门的工作介绍，我们对东北师范大学附属小学的工作有个全面的认识，虽然还没有系统的整理和静心研究，但也会找到一些共同的方法。比如说八大中心的工作都有科学的理论架构，管理制度健全，制定工作细则，检查有具体标准，表格、形式内容确立，都有注重细节的流程再造，初步建立评价体系，有体系推进中涉及的相关问题的解决方法。

赵艳辉校长提到的教学日常管理制度，如督导制度，检查制度等，自主开放的管理制度，如教师专业发展日制度，阶梯优化工程制度、学科委员会制度等。优化教学流程，总结出主题教研的"专家引领，实践跟进，同伴互助，反思提升"的模式，以及"五个一"流程（领导辅导一次，年组集体备课一次，上一节汇报课，要说课、反思和答辩，做一次沙龙，交一篇反思文章）这些我们都在学校的教研活动中经历了，感受到了东北师范大学附属小学人工作的精细、优质、务实和创新。

其他各个部门的工作也都是这样，我想，正是这支强有力的专业团体来规范执行，而且有高效的组织管理机制和有效的实践模式，附小这棵大树的根基才会越来越牢固，才会成为全国一流的名校。

三、静水深流的海——东北师范大学附属小学人的价值追求

静水深流，当今社会难得的境界。当进步与浮躁并存、文明与喧嚣共生的时候，掩饰不住的是慌乱中透出的无奈。在附小我却寻到一份宁静，仿佛

来到的是大学校园，看到了教育的回归，生命的回归。我感到东北师范大学附属小学人怀着对生命的敬畏和尊崇，以热切而理性的思考努力追寻教育的本真，引导教育的实践，将生命融于教育，将教育融于生活，凸显生命的个性、灵动、自由和独特，让教育成为生命的诗意存在。

一个月的学习，我一直在寻找东北师范大学附属小学的行进轨迹，也学习了近几年学校研究发表会的材料，从开放学校构建与组织文化的新生，到综合实践活动的开发与设计，再到校本课程的开发——东北师范大学附属小学拥有自己的课程体系，又跨越到国际理解教育，熊校长引领着东北师范大学附属小学人静心思考，精进深行，寻找、提炼有前景的模式，谋求更大的发展，对东北师范大学附属小学进行着深度变革，改变着东北师范大学附属小学人的心智模式。几年前我曾读过加拿大教育家迈克尔·富兰的一本书，叫《变革的力量》，书中有这样一段结束语："那些致力于教育改革的人，就是那些致力于社会发展的人；那些致力于社会发展的人，就是那些致力于社会道德进步的人"。我在东北师范大学附属小学感受到这种变革的力量，更感受到了东北师范大学附属小学人有足够的勇气敢为人先，坚持正确的方向，执着追求的信念和意志。东北师范大学附属小学人崇尚教育思考，更崇尚教育行动，她们正在深度思考，制定自己的"十二五"规划。

这次培训我还有一个很大的收获就是带着我的教师团队一起在学习。我在东北师范大学附属小学学习期间，恰逢我们区两年一次的教师风采大赛举行了，这是我们区最全面最高规格的教学大赛，要行动研究汇报，要上课，要答辩，层层选拔。我们老师全力备战，希望我能在东北师范大学附属小学帮助她们找些资料，于是我走进了学年组，向东北师范大学附属小学老师请教。虽然她们和我并不熟悉，但我找到她们帮助的时候，所有的老师都是那样的亲切和无私，不仅为我们提供了资料，还真诚地给予我校老师指导，这是东北师范大学附属小学人的智慧和胸襟，让我和我的老师深深感动和敬佩。

如果说我走进东北师范大学附属小学的时候，带着十年的东北师范大学附属小学情结，那么今天就要离开东北师范大学附属小学的时候，可以说对东北师范大学附属小学有一种深深的痴迷。这一个月东北师范大学附属小学的在校学习结束了，但对我而言，对于东北师范大学附属小学的研究性学习才刚刚开始，我在假期给自己的学习任务就是整理附小学习笔记，认真阅读东北师范大学附属小学资料，研究名校的成功因素，解读东北师范大学附属小学的文化特征。虽然我们非常清楚，东北师范大学附属小学人那种俯瞰全局、放眼未来的高度我们无法企及，东北师范大学附属小学人那种极目远眺，无限风景尽收眼底的感觉我们永远追寻，但我们自己也有天高云淡般美丽高远的教育理想，也有脚踏实地的工作精神，我们也一样用真心追随教育，我坚信，在东北师范大学附属小学引领下我们一定能实现自己的成长，让我们的孩子也能享受到优质教育。

再次感谢东北师范大学附属小学这个光荣的集体带给我们的美好，这一个月充实的经历将成为我人生珍贵的财富，闪耀着智慧火花、深思熟虑、积极进取的永恒的记忆！

研修路上，我们一路同行

——吉林省百名专家校（园）长高级研修班
学习体会

带着渴望而来，满载希望而归，为期一周的吉林省百名专家型校（园）长高级研修班第一阶段研修结束了，我的内心充实而快乐，始终都被一种真实而幸福的感觉充盈着。聆听高水平的报告、实地考察名校、参加研讨交流等学习形式，滋养着我们每位研修者的心田。相聚的喜悦，彼此的相伴，日子因研修而更美好。回顾学习历程，有四点感受和大家分享。

一、理论提升，让生命与使命同辉

隆重的吉林省中小学（幼儿园）百名专家型校（园）长培养项目启动仪式上，秦磊书记语重心长的讲话，龚玲副院长对培养方案的深度解读，都让我更加清晰地认识到"专家型校长"这一名称背后沉甸甸的责任。以前，我没有认真地思考过这方面的问题，更没有把它和自己联系起来，因为总感觉是那样的遥远而模糊。但听了领导们的讲话，虽然我知道自己和专家型校长还有很大的差距，但清楚了一点，那就是校长的使命更多是建立在教育生活上的，建立在专业生活上的，校长要努力成为专家型校长。

听了几位专家的讲座，让我对教育更加敬畏和虔诚。孙鹤娟副厅长亲自为大家做开班报告，她讲到校长的职能体现在实现国家意志，是社会意志的实践者，体现在实现自己的教育理想和教育思想上。并且列举了八位全国知名校长的办学理念与实践样本，逐一进行了深入剖析，点燃了我心中沉积多时的教育思索。秦磊书记谈到专家型校长应该具备的基本品质和角色定位，指出校长是学校文化氛围的创造者，校长应该帮助学生创造未来愿景与价值观，让我们感受到校长所肩负的历史责任。张德利院长对我国中小学考试与评价制度改革进行了政策解读，深刻的阐释与思考，充满了教育智慧，不仅丰富了感性认识，而且启发了理性思维。龚玲副院长系统地讲述了校长（园长）的领导力，让我们有茅塞顿开的感觉。有效的现场互动，感受到思想火花的冲击。柳海民副校长谈到"教育寄托着亿万家庭对未来美好生活的期盼",我们要树立"以师为乐的人生生活方式,以师为荣的人生价值实现方式,以师为贵的生命意义存在方式",多么美丽而高远;于伟部长谈校长的文化之思和教育之思,提出要做实践着的思考者和思想着的行动者,耳濡目染到书籍的力量;盖笑松教授幽默风趣,引用具体的事例,形象的图示,让我体会到心理学的美好,沉浸其中,希望自己也能成为一个内心幸福的人;吴玉琦教授最让我感动,他的儒雅气质,渊博学识,让我体会到"善歌者使人继其声,善教者使人继其志"。

品味每个专家的精彩报告,那一句句发自肺腑的话语,在触动我们心弦的同时,更让我多了一份教育人的责任和使命,也激发我在思考怎样才能成为真正的教育专家:在教育思想、办学理念上,坚持以人为本,以教师与学生发展为本;在思维方式上,善于宏观战略思考和系统整体思维;在意志品质上,具有积极的心态和执着不懈的追求;在角色定位上,校长是教育与管理改革的引领者和服务者;在专业提升上,注重教育管理理论探新和学校管理实践反思;在关系准则上,注重理解和沟通,着力营造和谐的人际关系。

二、经验分享,让思考与践行同在

本次研修省教育学院领导还为我们请来了省内杰出的校长给我们做报告。东北师范大学附属中学的李桢校长和长春汽车经济技术开发区第六中学的张彤校长在一天的繁忙工作之余,和我们分享了她们的思考与行动。无论是李校长的《立足自主发展的现代学校制度建设的探索》,还是张校长的《领导与管理》,都让我们感受到要想成长为一个专业化的校长,必须博学多识,坚持用教育理想追梦,用教育行动践行,用教育人格超越,在工作中不断总结提炼自己的管理经验,拓宽办学视野,丰富和优化学校策略,形成自己的办学思想。

行是知之始,知是行之成。校长要思考教育的内在品格,并不断的探索和实践。当然,校长要实现自己的教育理想也并不容易,但只要能坚持自己的教育理想,把信念之心深深埋在思考的土壤里,每天浇灌行动的力量,就会在一定程度上实现自己的教育理想,并且转化为全体师生的共同愿景,在思考与行动中感受到价值引领的幸福!

三、名校考察，让热爱与坚持同行

2012年10月31日下午，来自全省各地的百余名校长，分组来到东北师范大学附属小学和吉林省实验中学参观考察。而我则带着一份激动和憧憬再次走进东北师范大学附属小学。

曾经在长春市影子培训工程中，我来到东北师范大学附属小学脱产学习了一个月，熊梅校长及其光荣的集体带给我很多美好的记忆，让我受益终生！这次培训再次走进附小，让我感受到一个肩负社会责任与使命的校长坚定不移改变自我的行走力量！

听着熊梅校长真诚地和大家交流《我与附小的过去、现在和将来》，我感到校长的成长，实际上就是其生命的成长，是其生存方式的不断完善和生命质量的不断提高。因为梦想，所以热爱；因为热爱，所以坚持；因为坚持，所以更卓越。正如美国著名管理学家劳伦斯米勒说过的，卓越并非一种成就，而是一种永不满足、追求出类拔萃的进取精神。附小人带着国际化的视野和信心，提出了"科学发展，幸福人生"的办学目标，也在用更加坚定的步伐和无限的激情创造着教育的未来，使附小这棵大树更加枝叶繁茂，蓬勃而有生命力。

四、研修情深，让感动与温暖同进

这次研修我们还收获了来自同伴的互助和激励。班里的同学们有着丰富的实践工作经验，学习动力充足，班上学风甚为浓厚。课堂上，我被同学们如饥似渴地学习热情所感染，不敢有丝毫的怠慢；研讨时，我被同学们精彩发言所折服，认真记录着大家的智慧；平日里，片刻的闲聊也能增进友谊，因为我们都是教育的同行者。同时，我也能感受到同学们都能保持积极的心态，友善待人，惜缘共进，互相传递形成正能量。

培训是短暂的，但是留给我的记忆与思考是永恒的。带着学习的收获和感悟回到了学校，徜徉在学生与教师之间，微笑洋溢在脸上，因为我知道，能和那么纯净的孩子在一起，能从事着希望的事业是多么可贵呀！让我们共同努力，不仅收获一种职业的幸福，更追寻一种生命的期待、一种精神的守望！

最是研修能致远

——吉林省百名专家型校（园）长
高级研修班有感

古人云：不登泰山，不知山之高；不临大海，不知海之阔。我们吉林省百名教育同仁满怀憧憬与希望，聚首北京国家教育行政学院。一周紧张而充实的学习生活带给我们的是智慧的启迪和深刻的思考。我想用一句话概括我的感受——最是研修能致远。

研修能致远，加深了对教育的理解。这次学习，大师云集，让我们有机会熏陶于名家论道。听了顾海良院长的十八大报告解读，新的阐释，新的状态，坚定了我们把"立德树人"作为教育的根本任务；听了黄兴胜厅长的报告，新的时期，新的要求，让我们知道依法治校成为学校治理的基本方式，它不仅表现为一种学校治理方略，也表现为一种行为方式，还表现为一种良好的秩序状态。我们不仅听了多位教育专家的讲座，新的理念、新的思维让我们站在教育的前沿，看整个世界和当下中国的教育，深刻的剖析，引发我们的理性思考。同时我们还听了王恩歌和韦钰两位院士的报告，让我们跳出教育看教育，新的视野、新的领域，我们收获了知识，开阔了视野，更重要的是耳濡目染地感受到专家高尚的精神世界和严谨的治学品格。

如果说听专家讲座是饕餮大餐，那么校长们之间的研讨就是家庭聚会。我们小学组大家庭由42名校长组成，两次的研讨活动让我们回味无穷。因为有着共同的责任和共同的话语，所以聊起来更为真切。每所学校的独特经验给了我们很多启示，工作中的很多困惑也引发了我们的交流。虽然每次两个小时的研讨时间在愉快的分享中悄悄流逝，但留下了很多的美好，也在传递着情感，融汇着快乐！

研修能致远，拓宽了工作思路。这次研修，我是带着问题而来的。我们学校一直致力于学校文化的建设，六年的时间也进行了两个循环的行动研究，在实践中我也遇到很多的问题，百思而不得其解，就如一堵墙立在我面前。这次学习，听了李明新校长的讲座给了我一个思路，他说文化从一个角度讲，就是存在与发展方式。它不是"是什么"的问题，而是"怎么做"的问题。吴甡校长也谈到了学校文化，他说做领导首先要依文化。做有信仰的教育，办有文化的学校，展有情感的课堂，成生命教育真谛。我知道了办学校教育就是"文化自觉"到"文化实现"的过程。同时我们走进了北京第二实验小学感受浓浓的"以爱育爱"的学校文化。随处可见的学生精美作品，温暖而生动的学校阳光房，王府中孩子灿烂的笑容，还有师生的彬彬有礼，哪怕是一杯热水、一句问候都是学校文化的内涵。有人说，墙推倒了便是一座桥，北京研修，让我在不断地推翻着自己，不断地建构着自己。

研修能致远，提升了人生的境界。当我怀着一颗真诚的心倾听李烈校长的介绍时，在心底涌动着的是融融的爱意，暖暖的感动，对人性化的教育有了更深刻的感受；听吴甡校长谈教育就是敬天爱人，教育就是"栽培生命"的时候，让我对校长这份工作多了一份信仰和追求……在这些全国名校长身上，我看到的是他们对教育的全情投入，他们的才学、识见、德行、气质便会日益丰富起来，内在的智慧便会向外显露出来，产生非凡的魅力。这是一种伟大的教育情怀，不仅仅是一种小的情趣和兴致，更是一种广阔的胸怀！当我们品读这千般品格的时候，也真的希望自己能成为更为高尚的人，拥有更广阔的人生境界！

研修能致远，重在学以致用。路虽远，行则将至。事虽难，做则必成！带着学习的收获和启发，我会客观地思考自己学校与名校的差距，寻求学校持续发展的路径，开展通抵教育本质的实践活动，带领着团队一路前行！

最后我要说，相遇，不仅是机缘，更有心灵的契合；携手，不仅是彼此的走近，更有使命的担当，让我们共同努力，更好的季节在下一个春天！

居中瞩远　品味巅峰

——浙江大学研修班有感

从北国春城到浙江大学，历时一周的"长春市小学专家型校长创新思维能力提升高级研修班"即将结束了，我却仍旧沉浸在学习感悟之中，"教育是心灵的对话，是思想的启迪，是人格的唤醒，更是希望的激发。"一周的革新解惑，一周的深思抵心，让我们在开阔中博采众长，在收获中浸润成长，也让我有了更多的思考和感悟：

一、专家引领　高屋建瓴

这次学习，专家讲座，让我们有机会熏陶于名家论道。项海刚局长的《美好教育在上城》，让心灵去旅行，行走中的学习，美好校园高品质的校园文化是校长的价值的体现，也是学校师生共同的精神追求，让我们也心生美好；肖远军教授的《教育发展态势与基础教育课程改革》，指出了社会发展趋势对未来人才提出的要求，深入分析了我国教育的优势与弊端，基础教育课程与教学改革大趋势，让我们明晰方向；孙元涛教授的《学校变革管理与变革领导力》，变革已经成为学校的"新常态"，变革是解决问题的钥匙，变革是"创造"新问题的温床，构筑变革时代的新领导力，让我们思维重建；方张松教授的《小学评价改革与质量管理》，立足考试与命题改革问题，考试命题的总原则，基于学科核心素养的课程，让我们深度思考。专家们的讲座博大精深而又深入浅出，将前瞻与规划，理论与实践融入管理之中，为我们指点了迷津，指明了方向，对解决我们在学校教育教学实践中遇到的诸多困惑，拓宽今后的工作思路，以及用不同视角看待教育有着积极和深远的影响。

二、经验分享　高位引领

本次研修培训中心还为我们请来了杭州的校长给我们做报告。杭州学军小学张军林校长的《成全每一位孩子的个性化成长》，成全每一位孩子幸福而有意义的童年，提出因"地"制宜，因"校"制宜，因"生"制宜，因"师"制宜，成为最好的自己，成就幸福的人生。并引发我们思考：课程改革向内寻还是向外求，新挖井还是深挖井？杭州市滨江实验小学张冀文《办区域内新优质学校的思与行》，勤于反思，知道自己在哪；潜心办学，明晰带团队去哪儿？也指出了存在的一些现实矛盾：家长现实功利价值趋向与我们教育本源之间的矛盾；家长追求孩子学业过程轻松与结果理想的矛盾；家长对教师高要求与学校教师整体水平偏低的矛盾；家长对优质教育追求与学校办学水平相对滞后的矛盾。两位校长的经验分享，都让我们感受到要想成长为一个专家型校长，必须博学多识，坚持用教育理想追梦，用教育行动践行，用教育人格超越，在工作中不断总结提炼自己的管理经验，拓宽办学视野，丰富和优化学校策略，形成自己的办学思想。

三、名校巡礼 获取真经

培训期间，我们先后到来到杭州名校杭州市星洲小学、杭州市吉安路实验学校实地考察，让我们真切地感受到了学校和校长的魅力。领导者的真知灼见、卓尔不群是学校站位高、发展迅速的先决条件。这些名校科学先进的办学理念，独特鲜明的办学特色，使我们切实领略了名校的风采。

听了赖爱娥校长，好像在与一位同行挚友交流教育心得，又如同在与一位性情中人诉说着困惑忧愁。校长要想提升自己的领导力就必须练就硬功夫：健康稳步地规划好学校的发展，科学严谨地搞好管理制度建设，胸有成竹地抓好教育教学质量，沉着冷静地处理好各种突发事件，魔术般地调动师生员工的参与积极性。

和黄雄校长交流也收益良多，不仅让我感受到他的真知灼见，更感受到他的教育情怀和执着信念。作为一名教育者，学校的管理者和领导者，校长自身的专业化水平直接决定了学校团队的专业化。校长只有在自身的专业知识、专业品质、专业能力等方面有大的发展与作为，学校才能更有吸引力。

四、交流研讨 思想碰撞

此次研修学习，来自全市各地校长汇集一起，英贤齐聚。这本身就是难得的学习资源。集中学习，分组跟岗，将专家们百家争鸣、异彩纷呈的思想整合、内化成思想和自觉的行动，相互借鉴、互通有无，不仅增进了相互之间的了解，也为将来校际进一步学习奠定了坚实的基础。

此次研修学习，带给我成长，也带给我感动。从专家身上，我不仅学到了先进的教育理念，更学到了他们对学术的严谨、对研究的执着，对教育的责任，更为各位校长的专业能力与专业精神所感染。我们是实践着的引领者，肩负重任，承载希望，培训结束，留下的深思与启迪，震撼与触动，像一泓永不枯竭的甘泉滋润在我们的心田，幸甚至哉！

跟岗中关村三小 感悟"大家"教育

我叫王安巍，来自长春汽车经济技术开发区第十二小学，很高兴能有这样的机会，和大家在一起学习交流，还没有来得及认真梳理和细细品味，只是把自己一些最直接最真切的感受和大家分享一下，不当之处，还恳请批评指正。

这次理论指导下的跟岗培训，于我而言很有实效。因为在来的时候我也是带着一些问题和困惑而来，聆听了钟秉林会长、王晨部长和郑磊教授的报告，可以说是高屋建瓴，紧扣时政，将前瞻与规划，理论与实践恰到好处地融合，听后很受启发。

非常有幸来到了全国基础教育的引领者，具有"北京气质、世界品位、大家风范"的中关村第三小学跟岗4天，这里，是一个充满尊重、信任、包容的大家庭，是一个充满成长机会的学习场域，是一个处处都是教室、博物馆、艺术馆和图书馆的教育场所，旨在培养在世界上任何地方都"受欢迎、有能力、有担当""心自由，行有矩，行同规"的中关村第三小学学子。每天中午行走在校园中，阳光穿过大片的玻璃，洒落在美丽的现代建筑上，也洒在孩子们快乐的笑脸上，温暖弥漫，这使我想到美国思想家梭罗在《种子的信仰》一书中把好学校比喻为"一方池塘"，中关村第三小学就是这样"一方池塘"，每一个孩子在其中如鱼得水，自由自在。

我想和大家分享三组词语：

一、创新与创造

什么样的教育最符合这个伟大新时代发展所需？什么样的教与学最能帮助儿童面对充满未知与不确定的世界的挑战？什么样的教育空间与教育生态才是未来学校应有的样态？这是刘可钦校长之问，更是中关村第三小学人身处现在，心系未来，坚定而沉稳的创新实践。昨天我和刘校长交流，我说中关村第三小学人不仅是创新，更是一种创造。创造是从0到1，是一种原创能力。创新是以原来一个点为基础进行改善，是从1到N，中关村第三小学的C

型现代建筑和"三室一厅"的学校生态，班组群的建构，校中校管理模式的探索，空间、教育组织形式的变化，都体现了创造基因，勇于想象，勇于行动，勇于突破，"大家三小"以更宽阔的视野，更开放、创新的思维，汇聚与碰撞，变革与超越。

二、真实与求真

中关村第三小学核心理念就是：真实的学习。学生在一个有意义的真实的学习场景中，能够认识并提出真实的问题，获得并探索真实的知识，习得真实的技能，养成真实的品质。学习的发生，应是学生的足迹所至和人际关系所在，无论是学校管理团队的汇报，还是科学老师的自述，音乐老师的说课等，都能感受到"真实的学习"理念的落地和扎根。

在中关村第三小学大家庭中，每位成员都是重要的，每一个人都有领航和贡献的机会和可能，每一个同伴都拥有成长和发展的机会，大家中关村第三小学，名不虚传，目标高远而又脚踏实地，在求真中始终保持奔向理想教育的状态，这也是学校提到的"雁阵精神"。

大家中关村第三小学，学习因真实而生动，教师因求真而可贵。

三、迷人与健壮

这两个词来自刘可钦校长的一篇文章《学校的"迷人"与"健壮"》，她说"一所面向未来的学校，师生不能只在象牙塔内'一心只读圣贤书，两耳不闻窗外事'，还需要睁眼看世界，关注时代和社会的发展。我们需要行动，通过丰富多彩的教育活动，形式多样的教育方式，让学生获得精神上的强壮，这是一种意识，更是全校教师的共同行动"。

为了让学生获得精神上的强壮，以最大的可能满足学生的个性发展，学校有迷人的协同课程，有迷人的项目学习，有迷人的自主社团，有迷人的图书馆课程……一所学校的迷人之处就在于看见学生，看见学习，看见成长，看见了一个一个充满无限的未来和可能性的人，为了每一个，需要每一个，成就每一个，家和成学，知行合一，立天地心，让学校成为推动教育进步的大家三小！

离开中关村第三小学的时候已夜幕降临，华灯初上，中关村第三小学《周末艺术课》第68期还在进行中，家长、孩子还有社区人员齐聚学成会堂，欣赏刘华教授团队的《维舞青春》，这就是学校教育共同体，合作与共赢，这就是中关村第三小学提出的"教育孩子、团结人们、引领社会"学校教育的历史使命和社会责任。

最后感谢北师大校长培训中心、感谢吉林省教育学院，感谢一路同行的各位校长，祝大家返程顺利，周末愉快！

东北师大高研班结业式发言

　　非常荣幸，能代表我们高研班的学员在这里发言。我相信，无论是谁，在此时此刻想要表达的心情都是一样的，那就是感谢。感谢教育局和东北师范大学教科院的领导们为我们提供了这样一次高标准、高质量、高品位的培训，也感谢各位专家、教授们精彩的授课，悉心的指导，真诚的帮助。谢谢大家！

　　今天走进会场，看到横额上赫然写着的"结业典礼"几个大字，让我们感叹时间的飞逝，"不觉池塘春草梦，阶前梧叶已秋声"。培训班开班的情景仿佛就在昨天，我们带着一份幸运，一种期盼，更带着一份责任，走进了翰墨飘香的东北师范大学。

　　思绪流转，一年来的培训经历让我们记忆深刻：聆听老师们的讲座，如沐春风，带给我们的不仅仅是一些专业知识，更是一种广阔的视野；开题会上教授们精彩的点评，独到的见解带给我们的不仅仅是一场理论冲击，更是思考问题的方法；专家们亲临学校，近距离地指导，带给我们的不仅仅是一次高峰体验，更是指出学校发展的方向。每一次活动都是教育的升华，每一次沟通都是真心的交流。在培训中，我们学会了很多，学会了分析与思考，学会了丰富与凝练，学会了挖掘与借鉴，学会了超越与突破，可以说收获是沉甸甸的。

　　我们的这种收获不仅是知识技能上，更被东北师范大学教授们严谨的治学态度，认真负责的工作精神所深深感动。平日里教授们的工作都很繁忙，但为了让我们写好开题报告，教授们帮助我们查找文献，提供范例，帮助我们修改文稿。来到学校实践指导，教授们认真倾听，反复论证，不厌其烦。实际上，我们每位学员内心深处都希望寻一份心灵的宁静，静心思考学校发展，渴望得到专业成长，我相信，我们所有的学员都有一个共同的愿望，那就是请专家多多指导和帮助！

　　虽然我们这期高研班的学习即将结束，也有很多的不舍，但我们知道，结束是为了更好的开始！让我们怀揣着教育理想，用心做教育，拥有智慧并富有激情，胸怀大智并脚踏实地，一路与您同行，我们会走得更坚实，飞得更高远！再次感谢各位领导和老师！